明日を生きる子どもたちへ

～「小６女児同級生殺害事件」の教訓を生かした「いのちの教育」とは～

小林庸輔

はじめに

「事件の風化を防ぎたい。」

「事件から得た教訓をもとに、子どもたちに『いのちの大切さ』を伝えたい。」

ずっとずっと思っていました。


２００４年（平成16年）６月１日。

学校教育の現場で、未曾有の事件が起こりました。

長崎県の佐世保市役所から車で５分。弓張岳の中腹にある小学校において。

時間は昼の給食時間。同級生の６年生女児が被害者・加害者となった殺害事件。学校管理下という、とてつもなくショッキングな出来事でした。

ネットの掲示板を通して、両者のトラブルが発展した事件。ＳＮＳが進化した今の世の中でも起こりうる事件といえます。決して風化させるわけにはいきません。

私は当時から、本事件の教育関係者として、次のように接してきました。
・６月１日（当日）は、学校に最初に駆けつけた佐世保市教育委員会の担当として

・6月2日（翌日）は、全国版の報道記者会見の当事者として
・事件直後の2か月は学校に滞在し、支援にあたった者として
・4年後には、事件の教訓をもとにした冊子作成のチーフとして
・10年後には、その校の校長となり、4年間勤務した者として

教職を定年退職し、身が軽くなった私は、やっと自分の思いを素直に表現することができるようになりました。

また、事件から20年となる節目に、自分がこの目で見たこと、肌で感じたことをもとに、事件及び教訓の風化を防ぐことに努めたいと思いました。

それが、読んでいただく皆様への「いのちのメッセージ」につながると思うからです。

とりわけ、明日を生きる子どもたちに「生きていることの喜び」を感じとってほしいと願います。

最後に、被害者となられた御手洗怜美さんのご冥福をお祈りしますとともに、ご家族の皆様には「いのちの大切さ」を受け継ぐ必要性から文章に表すことに、ご理解いただきますようお願いします。

令和六年五月

小林庸輔

目次

はじめに …… 2

第1章　なぜ、どうして（事件の担当者として）

第1節　長い長い1日（2004年6月1日）

13時20分着 …… 10
規制線 …… 14
加害女児の姿 …… 16
校長先生との会話 …… 20
ビニールシートの中のいのち …… 22
長かった事情聴取 …… 24
6年保護者への説明 …… 28
学校から市役所へ …… 32

第2節　事件翌日（6月2日）

保護者全体への説明 …… 35
体育館での記者会見 …… 41
事件による欠席者11人 …… 45

第3節　学校の疲弊
学習ルームの片付け……47
殺到する電話……49
校長室のランドセル……51
お別れ会……53
第4節　報道機関との関係
次の日の新聞が怖い……56
信頼関係の構築……58
第5節　交換日記やインターネットの書き込み
2人の「文集」から……60
兄の証言から……64
見えなかった掲示板……66
第6節　3つの教訓と具現化
3つの教訓……68
「コミュニケーション能力」とは……70
第2章　1年後の6月1日（柚木小学校の校長として）
第1節　校長1年目の決意
学校をどう変えるか……74
学校を壊す気か……76
小林が来る！……79

1学期始業式……81
児童養護施設の子ども……83
「死ね」の落書き……87
こんな掃除、見たことない……89
6年生の変容……91

第2節　校長として迎えた6月1日（事件後1年目）
いのちを見つめる集会……94
「くまさん」の詩……96
「学校だより」で保護者・地域の方々へ……98
保護者・地域の結束力……100

第3章　堂々と前を向いて（大久保小学校の校長として）

第1節　大久保小学校へ
事件のあった学校……104
着任の喜び……106
子どものために……108

第2節　「いのちの教育」とは
「いのちの教育」の考え方……110
学力向上とのつながり……114
校長先生との4つの約束……116

第3節　「いのちの教育」を進めるための基礎基本
やさしい言葉遣いを　118
派手よりも地味の継続を　120
掃除のできる子に　124
本を読む環境づくり　126
小さな「いのち」を大切にする子に　130
隠さない姿勢　134
話に一貫性をもつ　138
第4節　いのちを見つめる集会（事件後10年目）
多くの取材　140
集会の意義　142
第5節　報道各社との意見の相違
子どもにどこまで伝えるか　144
子どもに伝える難しさ　146
子どもを見てほしい　150
第6節　机と椅子の撤去
退職時の決断　152

第4章　明日を生きる子どもたちへ（退職後だから言える）

再び起こった同級生殺害事件 …… 170

第1節　ようやくまとめることができた

今だから言えること …… 156
「いのちの教育」をみんなで …… 158
被害女児・加害女児へ …… 160

第2節　20年前と今

正直者が得をする社会を …… 162
希薄な人権意識 …… 164
SNSとどううまく付き合うか …… 168

第3節　明日を生きる子どもたちへ（自他のいのちを大切にする大人になるために）

地味なプロフェッショナルになれ …… 175
自ら学ぶ姿勢を …… 178
感謝の心と謙虚さを …… 180
堂々と生きる …… 182
いのちは一つしかない …… 186

おわりに …… 188

第1章　なぜ、どうして（事件の担当者として）

第1節　長い長い1日（2004年6月1日）

13時20分着

「急いで大久保小学校に行ってくれないか。」

佐世保市役所11階、佐世保市教育委員会学校教育課の中で、私は当時の上司である教育次長から、そう告げられた。

「子どもが亡くなったようだ。」

「えっ、何かの事故で亡くなったのでしょうか。」

ちょうど、昼休みの最中で食事を済ませ、気分がゆったりしていた頃だった。もうすぐ休憩時間が終わり、午後の仕事に向け、気合を入れ直していた矢先のことだった。

「子どもが亡くなった」という突然の言葉に、私の心はとてつもなく動揺した。何が起こったのだろう、誰が亡くなったのだろう、死因は何だろう、学校は今どういう状態なんだろうか、様々なことを思い巡らしていた。

「いや、事故ではなく、事件のようだ。６年生の女の子が、給食時間に同級生の女の子を殺害したようだ。」

と、上司の筆頭主幹がつぶやいた。

「えっ、殺害！」

「んっ、給食時間！」

「まさか、小学生が！」

「なぜ、どうして！」

頭がますます混乱してきた。

もちろん、この混乱は私だけでなく、そこにいる上司２人も同様であった。

私は、渡されたタクシーチケットを握りしめ、急がなくてはと思いながら、事の大きさが怖すぎて一歩を踏み出せないままでいた。タクシーに乗り込むまでの時間が空白に感じた。

学校内で子どもが死ぬという事例は、当然ながら滅多にない。

日本全国で、これまでにあったのが、サッカーゴールが倒れたとか、プールで溺れたとか、いのちを落とす原因はほとんどが事故によるものだった。

だが、この頃から他者による子どもの殺害事件が、少しずつ姿を現すようになってきた。本事件から３年前となる２００１年（平成13年）に起きた「大阪教育大学附属池田小事件」である。が、これは外部の大人の侵入による無差別殺傷事件であった。犯人が教室にいた児童を次々と襲い、小学2年の女児7人と1年の男児1人を殺害し、1・2年の児童13人と教員2人に重軽傷を負わせた。校門の施錠や防犯カメラの設置など、全国の学校が安全対策を強化する契機となった事件である。

また、前年の2003年（平成15年）には、「長崎男児誘拐殺害事件」が起きた。これは中学1年の男子生徒が長崎市内の家電量販店で男児（当時4歳）を誘拐し、翌朝同市中心部の立体駐車場で殺害した事件であった。加害者が中学生であったことから衝撃は大きく、子どもの心に寄り添う教育が、その後各地で展開されるようになった。

当然ながら、この二つの事件は、当時重大ニュースとして取り上げられ、ここ佐世保市においても子どもの心の教育を充実しなければと、各学校が必死になっていたところであった。特に、一年前の「男児誘拐殺害事件」は、同じ長崎県ということもあり、県教委や市教委から通知・通達が出され、二度とこのような事件を起こさないようにと肝に銘じていたはずであった。

ところが、これ以上の出来事が起きてしまった。

被害者も加害者も同級生、そして小学生、殺害場所が学校内、しかも子どもたちが学校にいる時間という事例は、この事件が初めてであっただろうし、さらに衝撃が強いものとなった。

　私は、重たい足取りでタクシーに乗り、現地の大久保小学校へ向かった。市役所から大久保小学校へは車で５分。市役所の窓から校舎がすぐそこに見える位置にある。観光地でもある弓張岳の中腹にある小規模の学校である。

　いつもは佐世保市の自慢である弓張岳が、その日は何か寂しげに見えた。弓張岳は、佐世保市の中心部をはじめとして、海や港、その他の山々を見渡せる観光スポットであるが、弓張岳がだんだんと大きくなるにつれ、私はこれからしなければならない初めてのことに緊張の度合いが高まっていった。

　ガタンゴトンと、私の心と同じようにタクシーは古い急な坂道を揺れながら、エンジンをふかして上っていった。

　６月１日（火）13時20分、大久保小学校着。

「ああ」

　深いため息をつきながらタクシーから降りた私は、正門の前がいつもと違うことに愕然とした。

規制線

「なんだ、これは！」

目の前には、多くの警察官がいた。

ざっと10人はいたであろうか。

それだけ事が重大であることを痛感した。

そして、侵入できないよう、黄色い規制線が張られている。

坂道を登ったところにある大久保小学校の正門は、学校の面影を全く感じさせない雰囲気へと化していた。

「佐世保市教育委員会の者です。学校内に入り、校長先生と話をしたいのですが、入らせていただけますか。」

こう言いながら、私は名刺を一人の警察官に渡した。


「んっ。」

警察官の間があった。

事件があって1時間ほど、現場検証などをしている最中で、外部の者を入れていいのかという躊躇があったと思う。

「この学校の管理をしている教育委員会です。すぐにでも入れていただきたいのですが。」

私はこう言って、さらに念を押した。

「ちょっとお待ちください。」

今度は、すぐに返事があった。

警察官は、上司に聞きに行ったのだろう。校舎の中にさっと消えていったが、すぐに入りたい私の気持ちとは裏腹に、相当長い時間待つことになった。

すぐに通してもらえるものと思っていた。

「まだか、まだか。」

焦っている自分がいた。

規制線の外で返事を待ちながら、いろいろなことを考えていた。被害女児はどこに、加害女児はなぜ、他の子どもたちは今…等々、やはり考えることは子どもたちのことばかり。

10分くらいの時間が30分以上に思われた。

………

やっとの思いで学校の中に入ることができた私は、さらに現場検証や事情聴取等の警察官の数の多さに驚かされた。

「なんてことだ。」

多くの警察官の中で、下校したくてもできない6年生の姿がそこにあった。殺害事件の重さを、感じざるを得ない瞬間であった。

加害女児の姿

まずは、校長室へ。

私が、警察の許しを得て、最初に向かった先は校長室。校長先生と第一に事件のことや今後の対応について話したかった。

しかし、校長室の中には、しばらく入ることができなかった。それは、校長室で加害女児への事情聴取が行われていたからだ。

結構待った気がする。6月に入ったばかりの校長室前の廊下が、やけに寒く感じた。

20分くらいしてからであろうか。中から一人の少女が出てきた。

私は、警察からの入念な事情聴取で、加害女児が泣いて出てくると予想していた。ところが、校長室から出てきた女児を見て、「んっ、この子は誰?」と思った。

「あっ、そうか。友達もいて先に出てきたのか。まだ加害女児は中にいる。」と思い、校長室へすぐに入った。しかし、私が想像する少女の姿はどこにもなかった。

校長先生に尋ねると、さっき部屋から出て行った女児が本人だという。

「えっ」

加害女児という感じがしなかった。

数秒だったけれど、表情が平然としていた。

どうしてだろう。自分の予想がずれていただけなのか。

この数秒の表情から、自分なりにここまでのことしか言えないが、すべてが普通だった。私は、加害女児の姿に驚きを隠すことはできなかった。

ただ、養護教諭や事務職員の話によると、加害女児は事件直後、校舎1階の事務室や保健室にいたという。

そこでは、

「どうしよう、どうしよう。」

「殺してしまった。」

と言いながら、ずっと泣いていたという。

「しなければよかった。」

「ごめんなさい。」
と反省の言葉も出ていたという。

大久保小学校の当時の教室の配置は、3階東側奥に6年教室があり、反対の西側奥が事件のあった学習ルームとなっていた。2階は職員室やパソコン室・低学年の教室、1階は玄関や保健室・事務室・図書室となっていた。

加害女児は、4校時目の授業が終わり給食時間になると、被害女児を呼び出し、同じ階の反対側の「学習ルーム」へと誘った。そして、カーテンを閉め、外から見えないようにすると、被害女児を座らせ、手で目隠しをした状態で後ろから首の動脈を切った。司法解剖の結果、死因はそのことによる失血死だった。

学習ルームは、習熟度に応じた少人数授業のための特別教室であり、教材などが置いてある部屋だ。被害女児は、入口付近の床にうつぶせに倒れていた。救急隊が到着した時には、すでに心肺停止状態であり、手の甲にも防御の切り傷があった。室内には、刃の折れたカッターナイフが落ちていた。

給食の準備が整った午後0時35分頃、「いただきます」と声をかけた担任が、2人が教室にいないことに気づいた。

間もなく、血まみれになった加害女児が教室に現れ、担任が「どうしたの」と尋ねると、女児は「私の血じゃない」と叫んだ。驚いた担任が女児の体を揺すると、同じ3階の学習ルームの方を指さし「あっち」と言った。その後、加害女児は1階の事務室や保健室に連れていかれ、2階の校長室で事情聴取を受けることになる。

「最初から殺すつもりだった。」

「事件の4日前にも実行を計画していた。」

加害女児は、佐世保警察署のその後の調べに対し、こう話しており、目的を達成するために殺害に至ったと考えられる。

ただ、警察署では「ごめんね、ごめんね。」と泣きじゃくりながら、そう繰り返していたという。時が経って、殺害したことへの後悔や罪の重さ、そして謝罪の念を感じていたのだろう。

それはそうだろう。

まだ、11歳の小学6年生なのだから。

大人でさえも動揺するのに、殺害の当事者であり、しかも小学生であれば、自分の行いの重大さを後から改めて知ることになり、自分の弱さ・幼さ・未熟さを痛切に感じていたに違いない。

誰だって、友達とのトラブルは大なり小なり持っている。その解決方法としてどうするべきかという選択を誤らせないようにしなくてはならない。

それは親の責務であり、教師の職務であり、まわりの大人の助言や支えによる。ここに至るまでの子どもの気持ちを読み取れなかった歯がゆさとともに、「いのちの大切さ」を訴える教育が十分届いていなかった大人としての大きな反省点がここにある。

校長先生との会話

２００４（平成16）年度の大久保小学校の校長先生は、４月に着任されたばかりのベテランの女性の先生だ。

「校長先生、被害女児は今どこにいるのですか。」

「６年生の子どもたちは、どうしていますか。」

加害女児の姿は、先ほど見たばかりであったし、その後佐世保警察署で聴取を受けることも知っていたので、私はこの２つのことを尋ねてみた。

校長先生は、被害女児の遺体は、「学習ルーム」に残ったままであり、警察の現場検証を受けていること、そして、私が来る前にお父さんが来られ、変わり果てた娘と対面されたことを話してくれた。

また、6年生は、警察の事情聴取を受けるため、2階の「パソコン室」に全員待機しており、5年生以下の学年は、事件発覚後、すぐに下校させたことを教えてくれた。

「2人の女の子は、どんなお子さんだったのですか。」

私の質問に、校長先生は、

「私は、この学校に来てまだ2か月なので、2人とも名前と顔が一致するというわけではありません。

ただ、被害女児については、登校時のあいさつが上手なあの子じゃないかなとか、加害女児については、バスで弓張岳の上の方から通学する女の子がいたということを覚えています。」

と話してくれた。

校長先生としては、5月30日の日曜日に運動会を終えたばかりで、ホッとされていたところであった。運動会という大きな行事を通じて家庭や地域の雰囲気がわかり、ようやく学校に馴染み始めた頃であった。

運動会は日曜日開催なので、月曜日は振替の休業日となる。

そして、次の火曜日にこのような事件が起きるとは、誰も予想することはなかった。

校長先生は、その後、大久保小学校1年の勤務のみで、長崎県教育センターに異動された。「事件を起こした責任は」という意見が当時あったが、私は一人に責任を負わせるのではなく、学校や佐世保市、長崎県全体で責任を負えばいいのであり、この異動は大賛成であった。事が大きすぎて、経験のないまれなケース。校長先生の心労も計り知れないものがあったのは間違いない。

ビニールシートの中のいのち

校長先生との短い会話を終え、私が向かった先は二つ。

一つは、殺害現場となった「学習ルーム」。

あと一つは、6年生が残る「パソコン室」。

3階の学習ルームは、学級の児童を二つに分け、それぞれ別の場所で少人数授業を行うための教室である。主に、算数の授業で使用することが多く、それ以外では通常使わない部屋である。だから、加害女児が殺害の場所として選んだと想像する。

2階のパソコン室は、文字どおりパソコンが一つの学級の児童数分設置された部屋であり、事件当日には6年生の事情聴取の待機場所として使われた部屋だ。


私が最初に学習ルームに向かった時には、まだ被害女児の遺体を残したまま現場検証が行われていた。自分の目で現場の様子を確かめたい気持ちはあったが、中に入ることは許してもらえなかった。

そこで、再度校長先生と打合せをしたり、他の先生方とも話をしたり、学校内を巡視したりしていた。すると、14時過ぎであったろうか。階段を下りてくる複数の足音が聞こえた。

「タッ、タッ、タッ、タッ……」

足早で3階から下りてくる数人の警察官が見えた。それぞれの手には青いビニールシートに包まれた何かがあった。最初、ビニールシートの中が何かわからなかったが、警察官によって丁寧に運ばれる様子を見ると、すぐに被害女児の遺体が包まれていると気づいた。

思わず、手を合わせ、お祈りした。隣の校長先生も同様だ。

「学校は楽しい場所なのに。

安全・安心な場所であるはずなのに。本当に申し訳ない。」

悲しく切ない、複雑な気持ちでいっぱいだった。

ヒマワリの花が好きな少女。

ジャガイモやイチゴを食べるのが好きな少女。

将来、声優になりたいと夢を抱いていた少女。

この少女の死を、そして悲しみを決して忘れてはならない。決して事件を風化させてはならない。そう心に強く誓った。


また、この事件の反省を込め、その後、佐世保市において、学校内でのカッターナイフ等の刃物の個人所有禁止や、特別教室に施錠をし、職員室にその都度開閉の鍵を取りに来させるなど、徹底が図られるようになった。

長かった事情聴取

「事情聴取は、どのくらいで終わりますか。」

「2時間くらいでしょうか。」

「今、しなければならないのですか。」

「事件が事件だけに、同級生の子どもたちには、目撃の情報や交友関係のこと等、今のうちに聴いておきたいのです。」


私と警察官との会話のやりとりだ。

断ることができなかった。「事件が事件だけに」と言われては、どうしようもなかった。

それだけ、特異な大きな事件だった。市役所の本部にも、その旨連絡し、詳細を伝えた。


13時30分頃、私が校舎内に入った時には、すでに6年生は事情聴取に備え、パソコン室に待機していた。


事情聴取の場所は5教室。

1年教室、2年教室、特別支援教室、図工室、生活科室だ。それぞれの教室に、警察官は1人から2人。立会人の教師もそれぞれ1人ずつ、総勢5人の教師が担当し、14時頃事情聴取が始まった。待機場所となるパソコン室にも、6年生の気持ちを落ち着かせるため、教師が配置されていた。


厳しい顔つきではあるが、子ども相手に丁寧な口調の警察官。

ふさぎ込みながら、ぼそぼそと答える子どもの姿。

雰囲気に困惑しながらも、寂しげな目で見守る教師の姿。

5つの教室が、このような光景へと変化していた。学校ではあり得ない不思議な世界だった。

子どもを早くここから解放してあげたいと思いながら、今はただその光景を見守るだけの自分であり、どうしようもない自分であり、情けなかった。少しでも早く終わることだけを願うのが精一杯だった。


6年生への質問は、主に次のようなことだった。

「加害女児や被害女児とは、よく話をしたり遊んだりしていたか。」

「加害女児は、どういう性格の子どもだったか。」

「加害女児と被害女児のトラブルに気づいたことはなかったか。」

「今日の給食時間に至るまで、加害女児の様子はどうだったか。」

「4校時目終了から給食時間となり事件が発覚するまで、あなたはどういう動きをしていたか。」

警察としては、事件当日のその日のうちに、目の前にいる子どもたちに聴いておきたい質問だったのだろう。

緊迫した雰囲気の中、時間だけが淡々と流れていった。

当時の新聞には、「任意でも、大人の立会いがなければ、児童だけでは聴取を拒否することは難しい。クラスメートが亡くなり、児童は大きなショックを受けており、トラウマになりかねない。一定の時間をおいて、精神的な負担を与えない形で聴取するなど、児童の心理状態に配慮すべきだった。」という専門家の厳しい意見が書いてあった。‥‥確かにそのとおりと思う。

しかし、あの時のあの状況で、警察の指示を断ることができたのだろうか。

最初は、警察も2時間程度で終了すると話していたが、一人一人の子どもの話を聴くうちに、どんどん時間が経過していった。2人の少女以外の36人の事情聴取に、警察も必死だったと思う。

ただ、‥‥。

それにしても長すぎた。

子どもにしては、長すぎる時間だった。

結局、14時頃から始まった6年生全員の事情聴取は、夕方18時頃までかかった。4時間くらいの聴取となってしまった。

私としても、4時間の聴取は異常と思う。最終の子どもの聴取が終わるまで一人も帰ることができず、早く終わった子どももずっと待っていたのだから。

正門の外では、子どもを心配する6年保護者の叫びというか、怒りの声が聞こえてきた。

「返せ～、返せ～、子どもを返せ～」

そういう声だった。親だったらそうだろう。子どもを心配して学校まで迎えに来たのに、中に入れてもらえない。子どもを返してもらえないでは、大きく叫ぶしかなかったのだろう。

親の気持ちが痛いほどわかった。

どうしようもない、いたたまれない気持ちになった。

申し訳ない気持ちでいっぱいだった。


子どもに対し、いつ、どの程度の聴取を行うか、そして保護者の了解は……。

警察、学校、教育委員会の課題といえる聴取のあり方であった。

6年保護者への説明

18時10分。

図書室にて、6年保護者への説明会が始まった。

事件当日の重苦しい雰囲気。ザワザワと声が小さく聞こえながら、全員の表情は硬く沈んでいる。保護者の横には、事情聴取を終えた6年児童も何人か残っており、下を向き静かに話を聞いている。

当初、６年保護者単独の説明会を、事件当日に行う予定はなかった。明日全体の保護者説明会を開く予定にしていたので、段取りを考え、説明するつもりでいた。

ところが、６年児童の帰りが遅くなり、心配した保護者が集まってきたので、急遽説明会を開くことになった。

保護者のすべてが、緊急のテレビ放送を見て、大久保小学校で何が起こったのか知っていた。

したがって、私から被害女児の死亡のこと、加害女児が補導されたことを話すと、うなずきながら涙を流す保護者が多かった。

子どもの死がどれだけ悲しいか。４月生まれで、12歳になったばかりの少女、運動会でも元気な姿を見せたばかりの少女が今日亡くなったのだから。

また、加害女児のことも当然知っており、加害女児の今後のことを思うと、保護者は複雑な心境だったに違いない。

「子どもたちの心のケアに、最善の努力をします。」

「臨床心理士を本校に派遣してもらうようにします。」

「全校児童を対象に心のアンケートを行い、カウンセリングを実施します。」

「友達同士仲のよい、楽しい学級・学校づくりに努めます。」

「教職員一同、子どもたちの心に寄り添い、心の充実を図ります。」

私も、校長先生も、保護者に必死になって話していた。


説明会も終盤となり、子どもたちへの説明について、私から保護者に投げかけてみた。

「事件のことが、今後テレビや新聞で大きく報道されると思います。やはり子どもたちにも学年に応じて大なり小なり話さなくてはと思っています。そのことについては、家庭でなさいますか、学校がしましょうか。」

この時、頭の中には、休校という選択肢もあった。

休校となると、我が子への事件の説明を、学校より家庭が先にすることになると思ったので、尋ねてみた。

すると、

「学校でやってください。」

数人の保護者が、すぐに返答した。

「わかりました。学校が最初に説明するとなると、早い方がよいでしょうから、明日学校で子どもたちへということでいいですか。」


このようなやりとりから、事件後の次の日も登校ということになった。

事件後すぐの登校については、佐世保市議会の文教厚生委員会でも、「あれだけ大きな事件が起きたのだから、子どもたちの心を落ち着かせるために、数日学校を休校にしてよかったのではないか」という意見が出された。

「そうだな」とも思う。

６月１日の夜の保護者会の流れから、登校ということになったが、非常に難しい選択であったと思う。


また、次の私の一言が、その後週刊誌の記事の中に取り上げられた。

「明日登校させるか休校にするかは、給食の実施の有無にもつながりますので、はっきりさせましょう。」

すると、大きな強い口調で、怒りの声が返ってきた。

「いのちと給食と、どっちが大切なのか！」


そのようなつもりはなかった。いのちと給食を天秤にかけるようなことは全くなかった。給食物資の搬入を止めるかどうかの問題があったので、確認の意味で発した言葉だった。

ただ、あの緊迫した状況で、６年保護者に給食の有無を口に出すことは不要だった。感情を逆なでする、余計な一言だったと反省した。

事件当日で、ピリピリとした雰囲気。

6年保護者が、長い間正門の規制線の前で待たされていたことを考えると、興奮してイライラするのも当然だろう。

18時40分。

最後に、明日10時から全体の保護者説明会を開くことを伝え、厳しい30分間の6年保護者説明会が終わった。子どもたちの登校を遅らせ、保護者と一緒に学校へということにした。

緊張が爆発しそうだった。言葉足らずだったと思う。申し訳ない気持ちでいっぱいになった6年保護者会だった。

学校から市役所へ

悲しく厳しい6年保護者会が終わった。

一日中、人の出入りの多かった校舎に、職員だけが残った。

校長先生とは、明日の日程の確認をしたり、子どもたちのケアについて話をしたりしたが、明日また学校で再度打ち合わせをしましょうと約束した。

帰りがけ、職員室に顔を出したが、教頭先生をはじめ多くの先生方が不安そうな顔をして残っていた。何を言葉にしていいのかわからないという表情だった。「明日からどうなるのだろう」「子どもたちに何と言葉かけをしたらよいのだろう」という気持ちが充満していたようだった。

私は、

「今日は本当にお疲れ様でした。明日、全体の保護者説明会を開きます。報道の方々もたくさん来られると思います。このことについては、校長先生、教頭先生、教育委員会で対応しますので、皆さんは子ども第一で子どもの心のケアに努めてください。明日、またよろしくお願いします。」と言い、学校を後にした。


20時。

やっと市役所に戻ってきた。

教育委員会には電話で随時連絡や報告をしていたが、戻りが遅くなり申し訳ないという気持ちだった。11階のフロアは煌々と電気が輝いていた。

まずは、6月1日の学校の状況について、教育長室で報告をした。明日の保護者説明会の確認もしたが、臨床心理士の先生にも参席していただくようにしたということであった。

また、教育長をはじめ本部の方々からは、次の話があった。
① 児童や職員のケアを第一に考え、学校が平常の日課に早く戻れるよう、必要な人材派遣等のサポートをしていくこと。
② 本日、佐世保市小中学校の全校長を招集し、「臨時校長研修会」を開催し、明朝に次の2つを実施するよう指導したこと。
・全校朝会を開き、校長が概要について説明する。
・1校時目に道徳の時間を設け、心の教育を行う。
③「女児刺殺事件について」の通知文を各学校に発行すること。
本部にも、報道から取材が殺到したということであった。
時計の針が24時を越えた。やっと家に帰ることができる。
長い長い一日が終わった。

第2節　事件翌日（6月2日）

保護者全体への説明

「なんだ、これは。」

一夜明けた6月2日。

昨日の動揺と疲れでなかなか寝つくことができなかった私は、朝から驚くような光景を見ることになった。

「うじゃうじゃ」という表現が妥当かどうかわからないが、ものすごい数の報道陣に思わず絶句した。ざっと100人以上。校舎内外に散らばっている人たちを入れると、200人いたかもしれない。彼らがそれぞれ違う動きをしているので、なおさら多く感じる。

体育館に入ってカメラの陣取りをしている会社があった。校内をうろうろ見て回る会社もあった。子どもの登校風景を映像や写真に収めている会社もあった。朝から騒然とした雰囲気がそこにあった。とても学校といえる状態ではなかった。

事の重大さを物語っている証拠だろう。

小学6年生が同級生を校内で殺害するという未曾有の事件であることを再認識した。

この日、私は市役所に寄り「保護者説明会」の打合せをした後、会の開始70分前に大久保小学校に到着した。子どもたちの登校はこれからであったが、誰よりも早く学校に来ていたのは報道陣だった。したがって、本来は校長先生と打合せをすることが先になるのだが、それよりもすぐにしなければならないことがあった。

それは、報道陣に取材の約束事を伝えること。学校内における動き方、そして子どもに対しての取材のマナーを守ってほしいというお願いだった。

1　子どもの顔を撮らないようにすること。
2　子どもには、インタビューしないこと。
3　授業や朝会等、学校の教育活動の邪魔にならないようにすること。特に「学習ルーム」をはじめ、校舎内には入らないこと。

それでも、約束を守らない会社があった。

その都度、大きな声で注意して回った。

東京からの週刊誌の記者がいた。テレビ局も長崎県の地方局だけでなく、在京キー局の放送局が来ていた。テレビでお馴染みのキャスターの顔もあった。

多分、縦横無尽に動き回っていたのは、地元の記者クラブのメンバーではなく、中央から来た報道陣であったと思う。地元の方々であれば、ルールに基づいたある程度の信頼関係が結ばれているが、昨晩佐世保入りした中央の報道陣からすれば、朝早くから現地に出向き、取材をしたりインパクトのある映像や写真を撮ったりしたいと考えるのは当然だからだ。

しかし、ここは小学生が生活する教育の場。

子どもは大勢の見知らぬ大人の集団に恐怖を覚えるかもしれない。子どもの教育環境を大切にしてほしいという考えは決して間違ってはいない。

このように、報道陣とのやりとりで終始した早朝であったが、そうしているうちに10時からの保護者説明会の時間が近づいてきた。

それまで報道陣の対応に追われていた私は、その後ようやく校長先生たちと保護者説明会の打合せをすることができた。先生たちも全員学校に来て、子どもの登校の対応に当たっていると聞き、安心した。

大久保小学校では、この日、通常より2時間遅い午前10時を始業とした。子どもの多くは、保護者の運転する車に乗り、臨時駐車場となった運動場まで乗り付けた。車を降りた子どもは手で顔を覆ったり地面を見つめたりしたまま、次々と保護者の引率で校舎内へ入っていった。

「体育館の椅子が足りるだろうか。」

途中、全体を見渡しながら、そう感じた。保護者用の椅子がみるみるうちに埋まっていった。

出席された保護者の数は１６８人。世帯数が１３７なので、１世帯２人以上出席された家庭も多かった。

保護者と対面する側には、説明者の長机と椅子を置いた。

椅子の数は５つ。学校側からは、校長、教頭（司会）、６年担任。市教育委員会から私。そして、臨床心理士の先生に入っていただいた。

前には、これまで見たことのないくらいの大勢の保護者、それを取り囲むかのような報道陣。

体育館は一瞬静まり返り、保護者説明会の開会を待つのみとなった。緊張のピークの時が来た。

「ただ今から、昨日の事件を受けての保護者説明会を始めます。」

教頭先生の静かな声が体育館に響いた。

最初に、私が事件の概要を話し、それを受け校長先生と教頭先生、担任の先生、私が起立し、保護者へ頭を下げた。

安全・安心な学校で、被害女児のいのちを守ることができず申し訳ありません。しかも、加害者は同級生という事態を招き、心を育てる教育が足らずに申し訳ありません。まわりの児童・保護者の皆様にも深い悲しみを与えてしまい申し訳ありませんという、謝罪の思いがいくつも重なり、深々と頭を下げた。結構長い時間だったと思う。そのまま下げたままでもよかったと思うくらいだった。

次に、校長先生から事件の顛末や今後の学校の対応について話していただいた。私も、大久保小学校の設置者であり管理者である佐世保市教育委員会の立場として、いのちを大切にした教育を佐世保市全体で充実させ、思いやりのある子どもの育成を徹底することを誓った。

また、臨床心理士の先生からは、子どもと親の心のケア相談窓口や個々の子どもへの対応の仕方について話していただいた。

保護者からは子どものことを中心に、次のような意見や質問が出た。それぞれ沈んだ顔で語る保護者の言葉一つ一つが、私の胸に突き刺さった。

- 子どもの心の傷が心配。
- 娘は「何でこんなことになったのか」とおびえている。
- 学校は大事件になる前に、何か気づいていなかったのか。
- 事件のフラッシュバックがいつ起こるかわからない。
- 友達のことを信頼できなくなるのではないか。
- 「思いやりの心」を学校でも家庭でも育てていく必要がある。
- カウンセリングなど子どもの心のケアを丁寧にしてほしい。

また、親としての意見・質問もあった。

- 事件のことを家庭ではどう教えてよいかわからない。
- 私自身も大きなショック。保護者のケアも必要だ。
- 家庭でも我が子とよく話し、悩みなどを聞いてあげたい。
- 被害・加害の二人をよく知っていて、現実を受け止めきれない。

その後の児童集会では、6年児童死亡のお知らせ（黙祷）、自他の生命の尊重、人を傷つけることを絶対しないという内容で、校長講話が行われた。

子どもたちは、その後、保護者参観のもと給食を食べ、保護者引率のもと集団下校をした。

すべてが重く悲しい事件翌日であった。しかし、被害にあった女児の苦しみを思えば、前を向き耐えていかねばならない。そうしないと何も先に進まない。そう自分に言い聞かせた。

すべては、大久保小学校の子どもたちのために。

すべては、明日を生きる子どもたちのために。

体育館での記者会見

午前の保護者説明会と児童集会を終え、大久保小学校体育館は午後２時から記者会見の場へと変わった。保護者の悲痛な思いが残ったままの体育館で、全国各地から集まった記者たちとの対面となる。

こういう経験は、私にとってもちろん初めてであり、息つく暇もなく次の場面へと変わることに、事件の責任を痛感するしかなかった。とともに、百戦錬磨の記者たちとどう向き合っていけばよいか、大きな不安も抱いていた。


「被害女児と加害女児は、どういう仲だったのですか。」

「両者の関係で、学校は予兆を感じなかったのですか。」

「給食の準備時間に、２人の不在に気づかなかったのですか。」

「カッターナイフは、子どもが自由に持っているのですか。」

「殺害現場の学習ルームに、児童は自由に出入りできたのですか。」

「ネットの書き込みが引き金になったということですが、知らなかったのですか。」


矢継ぎ早に質問が飛んできた。事件の核心を突く鋭い質問ばかりで、集中砲火を受けたかのようだった。

公式の記者会見は、午後2時からの40分間。出席者は、校長先生と教頭先生、そして私の3人。教頭先生に司会をしてもらい、校長先生からは事件の概要と今後の学校のあり方について話をしていただいた。記者のほとんどは午前の保護者説明会も参観していただろうから、話としては重なる部分も多いが、全員鋭い目で口を真一文字に結びながら話を聞いていた。

公式の記者会見終了後、待ってましたというばかりに私を取り囲んでの非公式の記者会見が始まった。管理職員の2人には、全校児童の状況把握や教職員の指導、保護者対応が残っているので、退席してもらった。体育館に1人残った私は、あっという間に多くの記者たちから囲まれ、立ち話が始まった。

まず、1人の記者が、私の職名を見て、

「『主幹』ってどのような立場になられるのですか。学校でいうと、校長先生の立場なんですか。」という問いかけをしてきた。

ドキッとした。この時、私は46歳。この年の4月に校長格付けになったばかりだった。

「はい」と答えると、記者は少し安心したようにペンを動かした。

「よかった。もし校長格付けになっていなければ、今日のような対応はできなかったのではないか。」

この時、校長の任務がどれだけ重大なものであるか、そしてどれだけ責任が重いものであるか、また自分が「主幹」という立場であることを自覚した。

それから1時間30分。今度は具体的な質問が続いた。

「事件二日前の運動会で、２人が言い争いをしていたという情報もありますが。」

「２人は、バスケットの仲間でもあったようですが。」

記者たちは、事件当日から翌日の今日に至るまでの短い時間の中で、保護者や地域の方々に取材を行い、情報を集めていたのだろう。私より詳しく、逆に初めて知る内容がどんどん出てきた。

小学生による同級生殺害という未曽有の事件が起きたのだから、記者が知りたいのは当然である。テレビや新聞、週刊誌、雑誌を通して報道しなければならない使命がある。

私は、一つ一つ言葉を選びながら、丁寧に答えたつもりだ。

ただ、事件の内容や２人の関係を問われると、昨日のうちに先生方から教えてもらった事実を述べるだけで、どうしても答えきれないものが多かった。

こうして、記者会見は、公式・非公式を含め、２時間10分もの長い時間を要し、午後４時10分に終わった。６月２日の一日中、緊張し集中して過ごしてきた私は、終わった瞬間、急に寒気を感じたが、事件の対応はこれからもずっと続く。少し気を休めた後、また自分を奮い立たせて校長室・職員室に向かった。

記者からの質問で今後の参考になったのが、給食の準備時間の過ごし方、カッターナイフの所持の仕方、学習ルームなど授業以外ではあまり使わない教室の施錠のあり方、ネット利用のルールやマナーの指導等であった。学校や教育委員会が見落としていた課題がいっぱいあった。一人の尊いいのちが亡くなったことを考えると、大いに反省し改善していかねばならない点である。

とはいえ、加害女児がここまでのことを計画し実行してくることを、当時予測することが困難であったことも事実である。

学校では子どもの心のケアを第一に対話を進めていったが、先生方の心のケアも必要だった。学校では私が盾となり、記者の質問に答えようとしたし、市役所の本部では、臨時の記者会見を設け、教育長はじめ幹部が質問に答えてきた。

学校を守る。少しでも早く日常の状態に近づける。

そのことが、子どもの心のケアにつながると信じて、日々過ごしてきた。

事件による欠席者11人

6月2日。
保護者や報道陣の対応で精一杯の状態だった事件翌日。
この日、私は、午前は保護者説明会、午後は記者会見と、どちらも100人を超える人々の対応に追われ、肝心な子どもの登校状況の把握・健康状態の確認が後手に回った気がした。それだけ、この特殊な状況に神経がピリピリしていた。

全校児童　186人。
欠席者数　17人。（うち、事件による体調不良者　11人）
これが、事件翌日の子どもたちの状況だ。
昨日までは、全校児童が187人だったのに、被害女児を死亡除籍として抜かざるを得ないのが、とてもつらかった。これから何十年も生きてよい大切ないのちが儚く消え、186という児童数に変わったことが悔やまれてならない。

また、欠席児童の保護者からは、次のような理由で休ませてくださいという電話が、朝から連続してかかってきた。

「学校に行くのが怖い。」

「友達に会いたくない。教室にいるのが怖い。」

「昨日から、何かあるたびに泣いている。」

学校は楽しいところだ。友達がいるから楽しいんだ。教室は子どもたちの居場所であるはずだ。なのに、今は行きたくないと言う。会いたくないと言う。子どもたちの心のケアを第一に考えなくてはならない現実がそこにあった。


この日から佐世保市だけでなく県からの派遣もあり、臨床心理士に入っていただいた。6月2日は3人だった。

「子どもたちも心配ですが、その前に先生方が心配です。教壇に立てるのかどうか。」

「先生方の現在の精神状態を把握し、適切なアドバイスをするなど丁寧な対応をしないと、先生方がつぶれてしまいます。」

臨床心理士という視点で見つめる先生方への気遣いは、これから子どもたちの前に立って話をする者にとって、どんなにありがたかったことか。この危機の状況に、冷静に対応してくださる臨床心理士の存在はとてつもなく大きく、協力的かつ積極的な姿勢にただただ感謝の気持ちでいっぱいだった。職員室に常駐する安心感、子どもたちや教職員を支える使命感は、学校の命綱でもあった。

第3節　学校の疲弊

学習ルームの片付け

6月1日の夕方、先生方から次の提案があった。

「学習ルームの片付けをしましょうか。」

「被害女児の血が床についています。」

「明日の朝に作業はできません。するなら今です。子どもたちが登校してくる前がよいと思います。」

「はっ」と思った。

事件当日のこの段階で、その問いかけがくるとは、予想していなかった。次の段階と思っていた。私には心の余裕がなかった。

学習ルームには施錠をし、しばらく立入禁止にするので、別に今からしなくてもという気持ちが正直あった。

しかし、「このままではいけない」と、先生方が奮い立った。

いつ子どもが見るかわからない、いつＰＴＳＤ（心的外傷後ストレス障害）の症状になるかわからない、放っておくわけにはいかないという先生方の考えだ。

清掃業者に依頼するという方法もあったが、今できることをしたいという考えだった。誰一人「いや」とは言わなかった。勤務時間を過ぎていても、今しなければという気持ちの方が勝っていた。


暗く沈んだ気持ちを奮い起こし、行動を起こそうとした先生方の心は一つになっていた。自らも警察から事情聴取を受けながら、このような提案をしてくれた先生方に、頭の下がる思いがした。

教え子を亡くしてしまったというショックに耐え、教え子が流した大量の血を黙々と拭く先生方。複雑な気持ちが入り交じり、何とも言えない無言の時間が続いた。血は床だけでなく、壁や机など至る所に飛び散っていた。拭くうちに、具合が悪くなったという先生もいた。

「申し訳ない。無理しないで。」と思いながら、一緒に血を拭いた。

きつかったろう。つらかったろう。

このような状況下で、被害女児を偲びながら、明日からの子どもたちのために進んで動いてくれた先生方に心から感謝した。

その後、「学習ルーム」は教育委員会と学校のアイデアを生かしながら、6年生の卒業に間に合うよう別の施設へと生まれ変わった。窓や壁を撤去し、池やベンチ・花壇を整備し、開放的な空間となった。児童の命名による「いこいの広場」が翌年3月に誕生した。

殺到する電話

リリリリ・・・・リン

リリリリ・・・・リン

「学校で子どもを死なせるなんて。」

「どういう教育をしていたんだ。」

「被害女児の家族のことを思うと、気の毒でたまらない。」

「子どもの心をしっかりつかんでいないから、事件が起きたんだ。」

等々。


事件後、学校には、このような内容の電話がひっきりなしにかかってきた。北海道から沖縄まで日本全国至る所からの電話だった。1本の電話が30分から1時間かかり、電話が切れたかと思うと、すぐまた次の音がする。

電話の対応は、通常「すみません、すみません。」と謝ることから始まって、「がんばります。」になって、最後は「ご指摘ありがとうございました。」で結びとなるのだが、相手によってはこれの繰り返しになるので、ものすごい時間がかかることがあった。

しかし、これも「ありがたい」と思うことが大事であって、こちらに丁寧な構えがないと、話がこじれることになる。「しまった」と思うこともいくつかあった。

「たいへんでしょう。がんばってください。」

「遠い所からですが、大久保小学校を応援します。」

「子どもたちのこと、これからも温かく見守ってください。」

このように励ましの電話も全体の1割くらいあり、その時は、肩の力が抜ける気がした。

事件直後は、圧倒的にお叱りの電話が多かったが、日が経つにつれ、励ましの内容に変わってきた。電話の量もだんだん減ってきた。

この電話の対応は、校長室に回していただくようにし、私と県教委の佐世保教育事務所の方の2人で受け持つことにした。長崎大学の同期であり教員採用の年度も同じであるため、教員になってからも親交のあった彼のサポートで、随分私も助かった。

電話対応は、途中から教育事務所の友にほとんど任せ、佐世保市の立場である私は、学校の管理者として校長先生と打合せをする方に回った。

おかげで、私は学校内でフリーな動きができるようになった。先生方と話をしたり、子どもたちの様子を見守ったりする日々が続いた。少しずつではあるが、平常の生活ができるようになってきた。

校長室のランドセル

「そこにあるランドセル、誰の物かおわかりですか。」

校長先生の静かな問いを受け、私は校長室の一角に目を向けた。

そこには使い古しのランドセルがあった。「ぽつん」と置かれた赤いランドセルは、すぐに被害女児の物ということを教えてくれた。

「そうか、遺体は運ばれていったが、ランドセルは残ったままなのか。」

心の中でそう思った。

「教科書・ノート・筆箱などの学用品は机から取り出し、そのランドセルの中に入れました。」

校長先生の声が、かすかに聞こえてきた。

ランドセルを開けてみると、まず目にとびこんできたのが、父と母と自分の3人の写真。被害女児が3年生の頃、病気のお母さんがまだ生きておられた頃の写真。多分、すぐ上のお兄さんが写真を撮ったのだろう。船の上での写真は、思い出深い家族旅行であったに違いない。今はいないお母さんを思い、ランドセルの一番目立つところに写真を入れ、くじけずがんばって過ごしてきた被害女児。ランドセルと写真、そして少女がともに生きてきた証であった。

なのに、なぜ。

「ぽつり」と涙がこぼれた。

被害女児の母への思いが感じられたからだ。かけがえのない母を病気で失い、少女が当時どんなにつらかったことか。母の死の悲しみを乗り越え、一生懸命生きてきたことが、ひしひしと伝わってきた。

「お父さんとお会いできた時に、お返ししようと思っています。」

校長先生の話に、私は小さくうなずいた。

小学生の象徴は、昔も今もランドセルといえる。

小学校を卒業することで、御役御免となるランドセルであるが、当然その頃になると、色は褪せ、しわや汚れが目立つようになる。しかし、それが小学校6年間を過ごしたという勲章にもなる。この赤いランドセルも、あと10か月でその任務を終えるはずであった。

主を失ったランドセルは、どこか寂しげだった。

「ご苦労さん。」

校長先生に聞こえないよう、私はそう話しかけた。

お別れ会

被害女児の死から約2か月経った、7月20日。

大久保小学校では、1学期の終業式の後に、全校児童が参加する集会を開いた。会の名称は、「お別れ会」。被害女児を偲びながら、みんなでお別れをするという目的の会だ。

これまで子どもたちは、6年生が同級生から殺害されるという学校での出来事に、辛く悲しい日々を送ってきた。運動会を終えたばかりの6月1日の現実に、正面から向き合うことがなかなかできなかった。信じられないし、信じたくない思いでずっと過ごしてきたに違いない。

「お別れ会」では、6年児童から被害女児に向けて、メッセージの朗読があった。被害女児は、当時友達から「みた」とか「みたっち」と呼ばれていて、次の文章にもそのような表現が出てくる。

みた、天国で元気にしてる？　あれから1か月、早いようで遅いような気がするよ。みたに出会って、2年ちょっと。水泳には毎週自転車で一緒に行ってたね。たまにさ、きついからといって、交通公園でさぼったりしてたね。

みたさ、おかし作りが好きで、一緒にチョコレート作りを何人かでやったね。みたの作ったのが一番おいしかったよ。

みたに感謝することあるんだ。いつも泣いたり困ったりした時に「どがんしたと」「大丈夫」って、声かけてくれたね。

ありがとう。

天国から見守っていてね、みんなのこと。みたが生きられなかった分、がんばって生きるよ。天国で楽しく過ごしてね。

会は、6年生のリコーダー演奏、千羽鶴の掲揚、そして全校児童で「世界に一つだけの花」を歌い終了した。

心温まる集会だった。みんなで被害女児に、きちんとした形でお別れを告げたかったのだろう。ようやく一区切りできた。

黙祷をする全校児童を見ながら、思わず「きつかったね〜。でも、よくがんばったね〜。」と心の中でつぶやいた。

暗い気持ちで学校生活を送ったであろうが、日に日に明るさを取り戻す子どもたちを見て、目頭がだんだん熱くなってきた。

明日から夏休み。

校長先生をはじめ、大久保小学校の先生たち、そして子どもたちに一息つかせてあげたいと思った。

第4節　報道機関との関係

次の日の新聞が怖い

1日の勤務が終了。

さあ、我が家へ。

日は暮れ、暗い夜道となっている。

もうすぐ着く。やっと肩の力が抜ける時である。


すると、人影が！

報道関係者である。

「何か新しい情報はありませんか。」

「取材でこういう情報を入手しましたが…。」

玄関近くで30分近く、問答が続く。

記者のほとんどは新聞社の方であり、明日の記事に付加したり、裏を取ったりするための夜の取材であった。答えやすいものもあれば、答えにくいものもある。

今までに出した情報であれば答えは簡単だが、まだ各社に公開していないものは、ここで出すわけにはいかない。のらりくらりと記者の質問をかわすしかない。

ただ、記者も百戦錬磨。早く家の中に入りたいという私の思いとは裏腹に、ねばりにねばってくる。じわりじわりと本題に迫ってきて、誘導尋問のような問いかけが出てくる。

つい口を滑らせたりすると、次の日、別の会社の記者から、

「昨日の会見の内容と少し違っていましたよ。」

「Ａ社の記事には、新しい内容が掲載されていましたけど、あれ教育委員会が教えたのですか。」

と聞かれることがあり、「しまった」と後悔することがあった。

当然、教育委員会内でも「注意！」ということになる。

「次の日の新聞を見るのが怖い」

そう感じてしまう毎日が続いた。

この自宅前取材は、教育長をはじめ上司の家にも来ており、記者のプロ根性は認めるものの、夜の外での会話であることから近所迷惑になり、困ることが多かった。自宅近くになると、恐る恐る車を走らせ、忍び足で裏口から入ることもあった。

帰りを待つのは家族だけではない。

そのような夜の帰り道であった。

信頼関係の構築

最初、報道関係者が苦手だった。

6月1日の派手な動き。校門近くでの撮影。空に鳴り響くヘリコプターのプロペラ音。

翌日の保護者説明会や記者会見。

そして、自宅前の夜の取材。

多くの記者に囲まれ、多くの記者と接した毎日だった。質問の嵐に、どっと疲れを感じることもあった。すべてが仕事とはいえ、ストレスだった。それだけ事の重大さを誰もが感じとっている証拠であった。記者も好きでやっているわけではない、伝える使命感や義務があるからこそ、必死になって取材するのだ。こう言い聞かせ、自分を慰めながら記者との対応に努めていた。

ただ、だんだんと日数が経ち、少し余裕をもって対応すると、記者の誠実さを肌で感じるようになってきた。関心をもつ方々に、正しく詳しい情報を流さなければならないというプロ意識がひしひしと伝わってきた。打ち解けて話すと、気さくで人間臭い記者がいっぱいいいた。

「自分にも小学生の娘がいて、友達との関係が気になります。」

「まだ、うちの子どもはネットをしていないのですが、ネットへのアクセスを親として監視できるのかなと思っています。」

「動物や植物などを通して、我が子にもいのちの大切さを教えようと思っています。」

記者としてではなく、子どもの親として身の上話を持ち掛けられると、つい聞いてしまう。その記者の人間性や素朴さを感じてしまう。複数回対応したことのある記者になると、互いに気心が知れ、親と教師の気さくな話し合いになってしまうこともあった。


このように、最初敬遠していた自分の態度が、少しずつ柔らかくなっていることに気づいた。特に、地元の記者クラブの方々には、情報をわかりやすく発信してあげることが大切だと意識するようになった。

行政と報道機関、学校と報道機関の関係は持ちつ持たれつで良好な関係を構築しなければならないのは当然である。そして、記者と仲よくなり、公表してもらうことは、学校のよい宣伝にもなり、よい方法だと感じるようになった。

それが、子どもたちの自信や喜び、成長につながっていけばありがたいと、今でも強く思っている。

第5節　交換日記やインターネットの書き込み

2人の「文集」から

2人とも、趣味はパソコン。

被害女児が、夢中になっていることは、チャット。

加害女児が、好きな本は、バトルロワイアル。

「文集」に書いてあった、それぞれの趣味・興味。

事件後、数日経ってから、私は2人が5年生だった時の担任の先生から、「文集」を見せてもらった。5年生修了の記念として作成した「文集」である。事件の背景とか要因とかで、パソコン、チャット、バトルロワイアルという言葉は、よく出てくるキーワードである。

恥ずかしい話だが、私はこの時まで、チャットやバトルロワイアルという言葉を聞いたことはあったが、それがどんなネット用語とか、どんな小説とかは知らなかった。事件をきっかけに、この言葉に出会い、知るようになった。

今でこそ「SNS」というネット上の情報交流手段が現れ、私もLINE等で通信をすることができるようになったが、当時はそういうコミュニケーションツールを扱うことはできず、「チャット」の仕組みさえわかっていなかった。

また、バトルロワイアルは、小説を読んでみたが、全国の中学3年生のクラスから毎年50人を無作為に選び出し、「プログラム」と称する殺人ゲームを実施するものであることが、ようやくわかった。生徒たちはゲームのために確保されたエリアに集団で送り込まれ、生き残りが一人になるまで殺し合いを強要されるという設定である。確かにスリルがあり、ゲーム感覚で楽しめる小説だった。

1999年（平成11年）に刊行され、事件の時にはすでに5年経過していた。漫画や映画も作られていたので、何となく知っていた。もし私が中学校の先生だったら、もう少し興味があったかもしれない。しばらく長崎県や佐世保市の行政職を務め、子どもたちから離れていたからかもしれないが、子どもたちの現実にあまりにも疎かった。


チャット……。

バトルロワイアル……。

当時46歳のおじさんより、この2人の小学6年生はかなり進んでいると思った。

事件後は、このチャットとバトルロワイアルが大きな問題となった。チャットをする子どもがいるのなら、光の部分以上に影の部分についてもっと指導を施しておくべきだったとか、バトルロワイアルが好きだから殺害につながったのではないかとか、結果論で多くの意見が噴出した。

確かに、インターネット社会が加速化する予測のもと、その危険性（影）として、サイバー犯罪や個人情報流出の可能性、掲示板サイトの無法地帯化、著作権の侵害等の啓発活動は、授業を中心に進んできた。しかしそれでも、インターネットによる誹謗中傷とか悪質な出会い系サイトを使っての暴行や誘拐等の事件が、現在も頻繁に起きており、影の部分は今なお進化している状況だ。

最近では、中学1年生の娘が、スマートフォンの使用について母親と口論になり、殺害するという事件が発生するくらいだから、とことん根深いものがある。

また、刑事ドラマやアクションゲーム等においても、殺人の場面が頻繁に出てくる。

私も、刑事ドラマが好きで、毎週お気に入りの番組を見ているが、必ず被害者が殺される場面が出てくる。殺害方法も様々で、やけに生々しい場面が多い。刑事ドラマゆえ当たり前なのだが、子どもたちにどこまで見せてよいか考えてしまうこともある。

ゲームにおいても、クライム（犯罪）と呼ばれるアクションゲームは、主人公となる人物を操作し、殺人や窃盗などの犯罪行為が含まれる内容であり、ゲームだから許してよいものか迷ってしまう。

やはり、少年の段階では、殺人にからんだテレビやゲームより、家族愛・友情・動物愛等をテーマにした情操教育を土台にして経験を積み重ねていくべきことは今でも変わらぬ原理原則である。人間的に幅ができ、心の余裕がもてるようになった時、大人に近づく第一歩として、その世界も知るという手順がよいと考える。

もうすぐ6年生という段階で作成した「文集」。

パソコンが趣味と「文集」に書いているのは、5年生36人中2人だけ。令和になった現在では、この傾向はもっと増えているのは間違いないが、当時の佐世保市の5年生としては特出していると感じる。

好きな世界、得意な世界が共通であったことは、仲良くもなれるし、トラブルが生じやすくなる可能性もある。

だが、ここまでの事件になるとは、誰が想像できたであろうか。

後から振り返ってのことであるが、悔やまれてならない。

兄の証言から

「その日、別の部屋に呼んで、妹さんの死を伝えました。」

「どうやって伝えてよいか迷いました。だからまず事実をと思い、インターネットの速報記事をそっと渡しました。」

こう語ったのは、当時の清水中学校の校長先生である。大久保小学校の卒業生が進学する中学校の校長先生だ。

事件後の小学生のことで頭がいっぱいで、兄の存在をすっかり忘れていた。3歳違いの中学3年生の兄だ。ランドセルの中の家族写真を写したのが、この兄だったに違いない。声を殺したような中学校の校長先生の言葉は、妹の死がどんなに兄に影響したのかを証明するようなものだった。

あの兄は、今、どうしているのだろう……。

と思っていた矢先、事件後10年となる２０１４年（平成26年）４月29日の西日本新聞の記事に次の記事が掲載された。会ったことはないが、なつかしい感じがした。以下その抜粋である。

・事件の１・２か月前、妹から加害女児との交換日記やインターネットの書き込みで相談を受けた。

・「落ち着くまで交換日記はやめておいたら。」と助言した。

・加害女児とも顔見知り。2人は仲直りしたように見えた。

記事を読み、お兄さんのこれまでの苦しい胸の内が伝わり、心が痛んだ。翌年春、高校に進学した頃から、自分を責める思いが頭から離れなくなったという。保健室で過ごすようになり、1学期で退学し、精神科や心療内科に通ったということも書いてあった。被害者は本人だけでなく、家族も同様である。

妹の死から10年。ようやく事件と向き合えるようになった兄は初めて講演し、孤独だった自分を振り返った。

今まで、事件の要因は、交換日記やインターネットの書き込みではないかとされてきたが、兄の話からもそれは裏付けられたことになる。

「あの時、大人にきちんと相談していれば、よかったんじゃないか。」

この兄の言葉は、本人以外は内容を見ることができず、トラブルに気づくことも難しいという重い課題である。現在の目覚ましいSNSの発展・普及に対し、どうすればトラブルを防ぐことができるのか、大きな問題を提起しているように思える。

見えなかった掲示板

「掲示板」と聞くと、学校では絵や作文や習字などの作品を掲示する板状の物というイメージがある。廊下や階段の踊り場の壁に設置してあり、子どもの作品を掲示すると、学習環境が整えられ、周りは明るさを増す。

インターネットの世界にも「掲示板」という仕組みがある。記事を書き込んだり、閲覧したり、コメントを付け加えたりすることができ、「電子掲示板」とも呼ばれている。

SNSの発展した現在は、コロナ禍も重なり、情報交換や会話・議論などを行うことが一般化してきているが、20年前の小学6年生がこの時利用していたとは驚きである。

大人が見えていなかった掲示板。

事件直後の加害女児の発言から、インターネットの掲示板への書き込みが、被害女児に対して「怒り」や「憎しみ」を抱く大きな要因となったことがわかる。

家庭裁判所の審判決定要旨にも、「加害女児にとって、交換日記やインターネットが唯一安心して自己を表現し、存在感を確認できる居場所」と記されており、被害女児の書き込みに対し「居場所への侵入ととらえ、怒りを募らせて殺意を抱くに至った。」ことが指摘されている。

学校は、2人を含めた数人が交換日記をしていることに気づいていた。また、2人がパソコンを趣味にしていることも知っていた。

だが、インターネットの掲示板については知らなかった。

交換日記には人の悪口を書かないように、インターネットには個人情報の流出やストーカー被害等の影の部分があることを指導してきたが、当事者それぞれの一つ一つの内容までは、個人情報ゆえ把握できない。このことが、ネット社会の闇であることは、現代でも大きな難しい課題といえる。


「あの時、大人にきちんと相談していればよかった。」

被害女児の兄の言葉であるが、このことは逆に考えれば、大人はもう少し子どもの相談にのってあげられるような雰囲気を作っておかなければならないことも意味している。

そのためには、学校や家庭において、子どもに向き合う時間と心の余裕を持つという「大人の環境づくり」が必要である。

職場の多忙化が問題視されている現在、この環境づくりはますます困難な状況であるが、ぜひとも克服しなければならない大人の課題である。

第6節　3つの教訓と具現化

3つの教訓

・掲示板への書き込みがあったとしても、殺人にまで至ることはなかったのではないか。
・言い争いやけんかでは、だめだったのか。
・殺人のスイッチを押そうと判断したのは、いつ頃だったのか。
・学校教育や家庭教育の中で、できることはなかったのか。

このように、ずっとずっと悩んできた。

元気さを取り戻しつつある大久保小学校の子どもたちを見るたびに、私はどうにかしなければという思いが強くなってきた。


事件の「教訓」とは何か。

佐世保市教育委員会では、事件の反省を込め、今後の課題や方針として次の3点を掲げた。

１　心の教育のさらなる充実を図る。
２　コミュニケーション能力の向上を図る。
３　子どもの居場所づくりを図る。

１の「心の教育のさらなる充実」を教訓の根本にすることは当然であるが、２の「コミュニケーション能力の向上」については、当時の書き込み等から発展した現在のＳＮＳツールの進化を考えれば、必要不可欠なことである。

まずは、家庭内における温かいコミュニケーションが重要になるが、それが不十分であったり寂しさが残ったりすると、子どもは自然とＳＮＳ中心の交流に走る傾向がある。

このことが、３の「子どもの居場所づくり」につながっている。居場所が家庭や学校ならよいが、ＳＮＳという現実社会とは離れた世界に身をおくと、犯罪に巻き込まれる可能性がある。

このように、３つの教訓は、互いに絡み合う重要な要素であり、絵に描いた餅とならないよう、学校・家庭・地域が強く連携し、具現化・実践化することが鍵となる。トラブルの解決方法に殺人を選んだ加害女児の置かれた背景や要因を考えると「いのちの教育」の具体化は喫緊の課題である。

その後、４つ目の教訓として、

4　学校と家庭、関係機関との連携・協働を図る。

が加えられたが、学校や家庭だけの問題にせず、互いに気軽に情報を出し合い、協力し合う体制が重要なことは言うまでもない。

「コミュニケーション能力」とは

「コミュニケーション」という言葉は、日常的によく使う言葉であるが、それに「能力」を付けると、どういう意味になるだろうか。

佐世保市教育委員会は、事件の教訓の一つである「コミュニケーション能力の向上」の具現化を図るため、冊子を作成した。

事件から4年後の2008年（平成20年）4月、校長をはじめ授業に関わるすべての教師に配付した。

事件の教訓を生かすためには、わかりやすい入門書といえるものが必要となるからだ。

私は、事件の担当者としての関係もあり、冊子作成のチーフとして携わることになった。

たいへんな作業であることはわかっていたが、一から作成する仕事にやりがいを感じていた。事件後における大久保小学校の地道な努力を身近に見てきた私にとって、がんばらざるを得ない仕事だった。

また、その頃は、柚木小学校の校長だったため、自分の学校で先行的に授業に生かすことができ、その効果を図ってきた。

この冊子には、「コミュニケーション能力」育成のためには、その要素である「話す力」、「聞く力」、「話し合う力」を段階的に培っていくことの重要性を、図や絵・表などを用い、わかりやすく示している。そして、最終的には「人と関わり合う力」の育成を通し、お互いを認め合うことができる人間関係を作り上げることを目指している。

ただ、この冊子はあくまでもマニュアル的なものであり、自分の学校・学級の実態を見据え、教師それぞれの工夫が必要ということは言うまでもない。やはり最後は、教師の実践意欲がものをいう。

このように、学校の力で、そして教師の手によって、相手を尊重し、楽しくなるようなコミュニケーションをさせたい。コミュニケーションによる信頼関係の構築は、人間の心をより豊かにしていくものと信じている。

ただ、冊子ができて随分時間が経つ。冊子自体が風化しないようにしなければいけない。

ＳＮＳの発展等を含めた、今の時代に即応した進化した冊子が必要と考える。

事件が起きたという事実を逆手にとって、事件及び事件の教訓を風化させないという強い意志を、内外に堂々と示す必要があるのではないだろうか。

第2章　1年後の6月1日（柚木小学校の校長として）

第1節　校長1年目の決意

学校をどう変えるか

２００５年（平成17年）４月１日。

事件から10か月が経ち、私は定期異動により校長の辞令をいただき、佐世保市立柚木小学校に着任することになった。初めての校長であり、不安と緊張でいっぱいだった。

しかし、佐世保市教育委員会での３年間の勤務を終え、念願の学校現場に行くことができたので、少しホッとした気もした。長崎県の教員採用試験を受け、学校の先生になることを目指していた私にとって、学校に戻ることは初心に帰ることと同じであり、身が引き締まる思いであった。

私が、自分の学校で何よりしたかったことは、事件の３つの教訓を生かし、実践を積み重ねながら、子どもたちの変容を図りたいということだ。

事件の教訓を改めて示すと、次の３つになる。

１　心の教育のさらなる充実を図る。

２　コミュニケーション能力の向上を図る。
３　子どもの居場所づくりを図る。

新規校長として、できるかどうか不安も大きかったが、前年の大久保小学校の事件のことを思うと、私が率先してやらなければいけないという責任感や使命感というものがあった。目の前にいる子どもたちをよい方向に導きたいという気持ちが強かった。

そのために、子どもに求めるものは、相手への「思いやり」。

その心と態度があれば、必ず「いのちの教育」につながると信じるからだ。自分の経営方針を推進することで、柚木小学校の子どもたちに自信を付けさせたかった。

その後、私は柚木小学校に３年間在勤したが、事件後すぐの学校であったし、校長初任の学校であったので、たいへん思い出深い学校となった。

実は、赴任当初学校が荒れていた。子どもの心がすさんでいた。その分、保護者・地域の結束力は強かった。やりがいがありすぎる学校だった。振り返ってみると、柚木小学校での経験が、後々大いに役に立ったように感じる。「いのちの教育」の原点が、この学校にあったように思う。

学校を壊す気か

「小6女児同級生殺害事件」が起きた2004年（平成16年）。

年度は同じになるが、次の年の1月、一人の男性の来訪が佐世保市教育委員会にあった。

男性は、対応する教育次長と、深刻な顔つきで話し込んでいた。この男性が誰なのか、何の話をしていたのか、その時は全くわからなかったが、後で聞いた話では、学校が荒れているので、その対策を話し合っていたということだった。相手の男性は、柚木小学校のPTA会長であった。

平成16年度、大久保小学校の事後の対応で精一杯だった私は、他の学校でも問題が起こっていたのに、それに満足に対応する余裕がなかったことを反省した。

佐世保市には、この年度には、分校を入れ39の小学校があり、他の学校でも大なり小なりの問題が起こっていたに違いない。大久保小学校の対応も年度末に近づくにつれ、次第に少なくなり、少しずつ本来の業務に取り組めるようになった。その矢先であった。

教育次長から「柚木小学校の様子を見に行ってもらえないか」と指示を受け、私は早速一人で行くことにした。特に、5年生の学級が荒れているというので、5年生の2クラスを中心に見に行くことにした。

小学校の段階での荒れとはどういうものか、子どもの自由な適当な動きとはどういう様子か見に行くことに不安もあったが、どうにかしなくてはという気持ちが勝っており、ためらいはなかった。なぜここまで子どもの心がすさんでしまったのか、確かめたい気持ちが強かった。

学校に着くと、すぐに私は校長先生の話を聞き、その後子どもたちが入り浸りになるという保健室に行った。たまたまではあるが、授業中のその時には子どもが一人もおらず、養護教諭とじっくり話をすることができた。「毎日がたいへんです」「保健室の仕事がなかなかできません」と苦々しく話す養護教諭の表情に、状況の深刻さがにじみ出ていた。

保健室を出た私は、問題の2つの5年教室へと足を運んだ。だんだん近づくにつれ、変な緊張が出てきた。普段なら、子どもが待つ教室へ楽しみを感じながら出向くはずなのに、何があるかわからない世界へ飛び込むような恐怖があり、この時の緊張はすごかった。

5年教室の中に飛び込んだ私は、授業中にもかかわらず、学習机に片肘をつき、フードをかぶったままの男児をいっぱい見つけた。生気がなく、目が虚ろな子どもたちの姿がそこにあった。

「きみたちは5年生か。」

私は、片っ端からフードを外して回った。外された子は「誰、このおっさん」みたいな顔で私を睨んだ。

また、もう一つの5年教室に入ると、今度は子どもが5・6人欠けている。探して回ったら、体育の授業で留守の別教室に入り、金八先生のビデオを見ていた。

休み時間になると、男児数人が、廊下で寝そべる行動をとった。

傘を振り回す男児もいた。その子に対して、私は自分の腕を大きく伸ばし、右手で傘を押さえ、左手でその子の額をおさえ、傘を振り回すことができないようにした。男児は「傘を返せ」と言う。私は「この傘を元の場所に戻すと約束するなら返す」と言う。当然、私のリーチが長いので、その子は身動きがとれない。手が私に届かない男児は、今度は右足を使って蹴りを入れてきた。その足は私の股間に当たったが、その時は格闘の興奮で痛みを感じなかった。だが、後になって激痛が走った。傘は、近くで怖そうに様子を見ていた女児に渡し、元の場所に返すようお願いした。

すると今度は、学校の壁をドンドンと大きな音をたて、叩きながら歩く5年生の男児数人を見つけた。廊下での出来事に気づいた私は急いで現場に向かったが、1人目・2人目の男児が通り過ぎてしまったので、3番目の男児を捕まえ「学校を壊す気か」と叫んだ。その時、自然とその子の胸倉を掴んでいたことに気づいた。

1時間半ぐらい5年教室付近にいただろうか。

校長室へ戻ろうとすると、共同の水道の流しの上を平然と歩いて遊ぶ2・3年生くらいの子どもに出会った。「下りなさい」と厳しく言われた子どもたちは、「えっ、何で?」という顔をしたが、私の怖そうな表情を見て、しぶしぶ下りた。

学校の荒れは、５年生だけではない。他の学年にもあるのだなと痛感した。先生の指導が通らなくなっている状態であることに危機感を覚えた。

子どもたちにも心の迷いがあったと思う。どうしていいかわからない自分がいたと思う。まわりの友達の目も気にしていたと思う。これではいけないと感じることもあっただろう。

子どもたちとのバトルで、ほとほと疲れた私は、教育委員会に戻り、柚木小学校の荒れの状況を報告した。

同僚からは、私の行動が「体罰じゃなかとね」と言われた。胸倉を掴まれた子どもの親が、教育委員会にクレームを言いにきたらどうしようと、急に不安がよぎった。

小林が来る！

「次の校長先生が小林校長先生とわかって、新６年生の子どもたちは『小林が来る！』と言って驚いていましたよ。」

「ハッハッ」と先生方の前では苦笑いをしたが、内心燃えていた。

「呼び捨てにしやがって。今に見とけよ。」と心の中で叫んでしまった。

この「小林が来る」の言葉は、3月末に教職員の定期異動が公表された時、当時の5年生（新6年生）が発した言葉だ。

私がこのことを聞いたのは、年度が替わっての4月1日、職員室の中で一人の先生が笑いながら教えてくれた。

「私の名前を覚えていてくれてありがとう。」と皮肉交じりに感心もしたが、それだけ新6年生にとっては、1月の私の訪問はインパクトのある出来事だったのだろう。妙にやる気が出てきた。

また、4月6日の始業式の日には、私の足元に空のセロテープが飛んできた。どうやら教室棟の3階、6年教室から飛んできたようだった。

「私に挑戦状を叩きつけているのだろうか。」

そう感じざるを得なかった。

「秩序と活気ある子どもを育てる」

これが、柚木小学校の教育目標だ。

最初、「秩序」という言葉を学校教育目標に入れた時、小学校教育には即さないと思った先輩の校長先生から「？」という表情をされたことがある。

しかし、私は、今の柚木小学校の子どもたちを見ていると、ぴったりと思っていた。物事の正しい順序や筋道を指導し、心とともに姿・形を変えなければならない。そのための「秩序」だ。

また、「活気」とは、「秩序」という土台の上に築かれた子どもたちの生き生きとした状態を表す。単にワーワーと大声を出した元気な様子を指すのではなく、相手を大事にするという「秩序」の上に成り立つ、ルールに基づいた活動の姿ととらえている。

ちなみに、この学校教育目標は、オリジナルとして大久保小学校でも用い、私の理念としてきた。


さあ、セロテープが飛んできて20分。

いよいよ１学期の始業式だ。今から全校児童が集まる体育館へ行く。校長になっての初顔合わせだ。

１学期始業式

「起立、気をつけ、腰を下ろして休め。」

何回繰り返しただろうか。10回いやそれ以上20回近く同じことをした気がする。

2005年(平成17年)。

1学期始業式における校長講話の最初の場面だ。

もう体育館に入った時から、ザワザワしていた。6年生だけでない。全体がザワザワしている。ちゃんと並んで、静かに話を聞こうという雰囲気は全くない。

本当は、「皆さんのきちんとした姿を見て、立派だなあと思いました。」と、最初に校長として褒めてあげたかった。「柚木小学校をみんなの手でよい学校にしましょう。」と励ましたかった。でも、できなかった。

私も意地になっていた。ここで子どもたちに負けてはいけないという気持ちでいっぱいだった。最初のこの場面で適当にしていたら、この状態が1年間続いてしまうという危機感があった。

壇上から、「また、しゃべったね。やり直し!」

あるいは、「しゃべる人が一人もいなくなってから校長先生のお話を始めます。」と言って、また、

「起立、気をつけ、腰を下ろして休め。」

を繰り返した。

この一連の短い時間の動作の中で、どこに話す必要があるのだろうか。正しい判断ができる子もいただろうが、注意したって一緒の負の雰囲気ができあがっていたと思う。

少しずつおしゃべりの声は小さくなっていったが、完全にゼロになることは最後までなかった。最後の最後までザワザワした状態が続いた。

締めくくりに、「柚木小学校をよい学校にするには、みんなが校長先生の方をしっかり向き、話を聞く態度をとらなければいけません。」と言って話を終わった。始業式の校長講話はたったそれだけだった。

校長として初顔合わせだったのに、無念さが残った。けれど引くに引けないところがある。知らんぷりできない自分がいて、よいことはよい、悪いことは悪いと言わざるを得ない自分がいる。

子どものすさんだ心を、どう変えていくか、課題がいっぱい残った始業式だった。

児童養護施設の子ども

「今度、ぼく転校するんです。お母さんが春になったら福岡においでと言うので。」

と、うれしそうに話す子どもがいた。児童養護施設に入所していた４年生のＡくんだ。

児童福祉法第41条に「児童養護施設は、保護者のいない児童（中略）、虐待されている児童その他環境上養護を要する児童を入所させて、これを養護し、あわせて退所した者に対する相談その他の自立のための援助を行うことを目的とする施設とする。」と記されている。

柚木小学校の校区には、児童養護施設「天心寮」（当時の名称）が設置されており、2005年（平成17年）には、そこから25人の子どもが通学していた。全校児童250人の10％の割合になる。

天心寮の職員は熱心な方々ばかりで、集団登校として朝の通学に必ず一人は付いてきてくださるので、「今日はBさんが休みです」とか「Cさんは朝からけんかして機嫌が悪いです」など、いろいろな情報を教えてくださる。授業参観にも、まるでお父さんかお母さんかのように毎回参加し、子どもの様子を見て帰られる。

だから、天心寮の子どもたちのことは、密な情報交換で詳しくキャッチすることができた。

だが、Aくんの福岡転校の話は初耳だったので、天心寮の職員に聞いてみると、

「あー、それは違います。多分Aくんが一緒に住みたいとお願いするので、お母さんが苦し紛れにそう言ったと思います。」

と返ってきた。

お母さんと一緒に住みたいという子どもなら当たり前の気持ちが叶い、やっとお母さんと一緒に住めると喜んでいたAくん。お母さんの事情もあり、お母さんとしても苦しかったであろ

うが、罪作りな話である。このことが後でわかった時、Ａくんはどんなに悲しむだろうかと思うと、虚しさが込み上げてきた。

　また、天心寮の5年生の中に、校長室に来ては、日常生活のたわいもないことを話しかけてくる女児がいた。そういう時は、私も必ずマンツーマンで話し相手になることを心がけていた。いろいろな話を聞く中で、ふとお父さんやお母さんのことが出てきて、少女の寂しい思いを垣間見ることもあった。本当はお父さんかお母さんに聞いてほしい話なんだろうなと思いながら、じっと聞いていた。

　自分の思ったとおりにいかないことに腹を立て、ぐずぐず言うこともあったが、聞いていれば落ち着き、また笑顔で教室へと戻っていく。二人きりの時の話し言葉は、ため口のオンパレードであるが、それを注意していたら話さなくなる。ここでは、校長と子どもという立場ではなく、身近なおじさんとの会話とすれば、ため口でもＯＫと思い、話を聞いていた。

　女児との話の締めくくりは、必ず「人生山あり谷あり」の言葉を使った。人は誰でも、よい運勢の時と悪い運勢の時があるから気にしないでいいよ。このまま頑張っていれば、きっとよいことが待っているからね、と最後はそう締めくくった。

　小学5年生の女の子と人生について語り合うという場面は、私のこれまでの教師生活の中でなかったことであるが、少女の内面が素直で純朴であることがわかり、とてもうれしかった。

学校が荒れていた時、天心寮の子どもたちは、その中心人物であるかのように悪者のレッテルを貼られていた。

しかし、そうではない。表には硬い仮面を被っていたとしても、あまえたい年頃のかわいい子どもたちなのだ。

天心寮のクリスマス会に呼ばれ、楽しそうに過ごす子どもたち。地域の行事で天心太鼓をたたく姿も格好よかった。子どもたちの生き生きとした姿があらゆる場面で感じられた。

このように、親の愛情を受けたくても、叶わない子が天心寮にいて、柚木小学校に通っている現実がある。まだ小学生なのに、人間関係のよどみの中でさまよう、それぞれの人生ドラマを見ているようだった。辛くてもたくましく「生きる」ことの大切さを、子どもたちから教えてもらった感じがした。

この子たちの毎日が、「いのちの教育」の原点であるかのような気がする。この子たちを立派な大人になるよう育てたい。健気に生きる児童養護施設の子どもたちを心から応援したい。そう強く思った。

佐世保市の施設、児童養護施設「天心寮」は、その後２０１４年（平成26年）に「若竹の家」へと改名され、民間移譲された。３年後には敷地内に新本館が建設され、建物も立派に生まれ変わった。高校生の個室も設置され、落ち着いて過ごせる環境が整った。

私は、柚木小学校に勤めていたという縁もあって、現在「若竹の家」の評議員をしており、年に数回「若竹の家」に出向いている。校長とは違う立場であるが、再び児童養護施設の子どもたちを近くから応援できることに喜びを感じている。

「死ね」の落書き

「死ね」「バカ」「クズ」

友達についポロリと言ってしまう言葉。

落書きで書いてしまう言葉。

校舎の壁に冒頭の３つの言葉が書いてあった。チョークを使って書いたと思われる。

これらの言葉は、度あるごとに、「最低・最悪の言葉」であり、相手に対する最大の侮辱になり、相手をものすごく傷つける言葉であると、何回も何回も指導してきた。たとえ、冗談であったとしても、絶対に口に出してはいけない言葉だ。

残念でならない。

指導が行き届いていなかったと思うと、大きく反省せざるを得なかった。家庭にも、「学校だより」で次のようにお願いした。

家庭でも、子どもが身に付くような、丁寧で、きれいな日本語を教えてあげてほしいと願います。とともに、子どもの話を、ゆっくりじっくり聞いてあげてください。

私は、心にゆとりがあって、「です」「ます」等の丁寧な言葉遣いや、気持ちのこもったあいさつが日頃からできていれば、「死ね」等の言葉は生まれてこないと考えています。

学校では、全校朝会を緊急に開き、子どもたちの心にしっかり届くよう、具体的な指導をしました。また、この「学校だより」で本日の学校での指導のあり方を、保護者の皆様に包み隠さずお知らせしたのも、ご家庭でのお子様との関わり方が、ものすごく大きな要素をもっていると考えたからです。

言葉の丁寧さ、きれいさを、みんなで感じ合うようにしたい、それが、私たち大人の役目と考えます。

どの学校でも時々あることかもしれないが、これを簡単な指導で終わってしまうか、事の重大さを子どもたちだけでなく、保護者・地域の方々にも知らせるかは、今後の子どもたちの言動に大きな違いが出てくると思っている。

　その都度のタイミングのよい指導がどんなに必要か。そう考えると、ゆっくり構えておくわけにはいかない。

「いのちの教育」は、待ったなし。私たちの感度・感性が問われていると言っても過言ではない。

こんな掃除、見たことない

「こんな掃除、見たことない。」

そう思える掃除があった。掃除の主は6年生。

　6年生といえば、学校の荒れの中心人物と言われてきた学年であり、私と5年生の時、1日だけだがバトルを行った子どもたちだ。始業式の時も、前に書いたとおりの子どもたちである。

　普通、掃除区域を学年で振り分ける際、校長室や職員室には6年生を割り当てることが多い。学校の機能の中心となる場所なので、最上級生としての自覚と責任をもたせようというねらいだ。

私はそれが何となく嫌だった。あの6年生がどこまでできるのか不安だったし、掃除の仕方を一から教える必要を感じたからだ。


だが、予想は全く外れた。

これまで私が掃除を見てきた中で、また自分も担任としてさせてきた中で、一番丁寧で黙々と仕事を行ったのが、この6年生だった。変われば変わるもんだ。目が点になった。こんな掃除があったのかと驚いた。掃除を通して、子どもたちを変えることができると確信した。


このように6年生が大きく変わった原因の第一は、担任のすさまじい徹底があったということに尽きる。

「校長先生、1週間、校長室や職員室・トイレなど、6年生の掃除をなしにさせていただいていいですか。」と4月に言ってきた。

「えっ」と少々ためらったが、6年生を変える一つの方法かと思いOKを出した。1週間分のトイレ掃除の役割が急に回ってきた養護教諭には悪かったが、変化が楽しみで許してしまった。

6年担任が掃除の仕方として、まずしたこと。

それは、一つ一つの役割分担の場所を、1日ずつ担任自らがして見せたということだ。担任が一人で掃除をする間は、６年生は黙って見ているだけ。掃除を全くしないで見るだけの時間。担任はほうきや雑巾を使って、部屋の隅々、全ての箇所を一人でやってみせた。場所を替えながら、１週間が過ぎた。

子どもたちは、見るだけでは物足らず、掃除をしたくてたまらなくなったのだろう。今まで掃除をさぼってきた子も、掃除の仕方を生で見せてもらい、お預けを食うような１週間が嫌になり、掃除への欲求が出てきたに違いない。

褒められる経験が少なかった６年生。認められることがほとんどなかった子どもたち。

６年生の手本は、学校を活気づかせる要因となった。

６年生の変容

まず顔つきが変わった。

言葉を丁寧に話すようになった。

「はい」の返事がはきはきしている。

そして、掃除が抜群に上手だ。

褒めることばっかりになった。

5年生の時と比べ、同じ人間ですか?･という感じだ。人間変われば変わるもんだ。変容をこの目でしっかり見ることができた。

第一に、担任が正面から堂々と向き合ってくれた。全教職員が一丸となって、最上級生となった子どもたちを認めてくれた。

先生たちも最初は、ものすごくきつかったと思う。でもぶれたらダメ。一丸となって、子どもたちにぶつかってくれた。

6年生にとって変わるチャンスとなったのは、やはり最上級生になったということだろう。4月に歓迎遠足があり、入学したての1年生と手をつなぎ歩く。5月に運動会があり、係活動や応援団などの役割がのしかかる。重荷ではあるが、やったらやっただけの評価が返ってくる。自信を付けさせる担任の手立てが功を奏し、子どもたちがよい評価をもらう喜びを感じたのだろう。

だから、顔つきが変わった。

着任早々の4月から、空のセロテープが飛んできたり、始業式の聞く態度が滅茶苦茶だったりと、最悪のスタートでどうなることやらと思ったが、教師集団の変容が6年生の変容へとつながった。

５年生の時、傘を振り回した子も、言葉遣いが丁寧だ。

５年生の時、廊下の壁を叩いた子も、目が生き生きしている。

６月の修学旅行では、ホテルの方から「今年の修学旅行生の中で、あいさつが一番上手」と褒められた。

荒れをどう克服するかを、１年間というより、１か月・２か月の短い期間で、自分たちで実証してみせた。


校長として、初めての卒業生がこの６年生だったが、この子たちでよかったと心から思った。卒業証書を渡す一人一人の表情は自信と意欲にあふれ、とても立派だった。

６年生の中には、現在、教諭や養護教諭になって、毎日教え子と面している子も出てきた。これまでの自分の経験を生かし、子どもと真正面から向き合う教師になってほしいと願っている。

第2節　校長として迎えた6月1日（事件後1年目）

いのちを見つめる集会

２００５年（平成17年）６月１日。

大久保小学校の被害女児の死から1年が経過した。

佐世保市では、事件の次の年度から、６月１日を「いのちを見つめる日」、そして6月を「いのちを見つめる強調月間」と定め、道徳教育をはじめとした「いのちの教育」を続けている。

校長として迎えた「いのちを見つめる集会」。

目の前にいるのは、柚木小学校の全校児童２５０人。私をじっと見つめている。

私が校長講話のため用意した物は、赤いランドセル。５年２か月間使ってきた6年生女児のランドセルを借り、本番に臨んだ。

「亡くなったお母さんの思い出の写真をランドセルに入れ、一生懸命生きてきた少女。なのに6年生の12歳でいのちを落としてしまった。もっともっと生きたかっただろう。」

ランドセルを横に静かに置いた後、私は次の4点を子どもたちと確認した。

①自分が言われて、あるいはされていやだと思うことは、相手も同じ気持ちになる。相手の気持ちを考えて、行動する心のゆとりをもってほしい。
②友達とけんかして、いやな思いをすることがある。しかし、後で冷静に考え、自分も悪かったと素直に謝る勇気をもってほしい。
③「死ね」「殺す」という言葉は、決して誰かに向けて言う言葉でなく、相手に対する最大の悪口である。冗談でもいけない。簡単に絶対に使わないでほしい。
④私たちは、野菜や魚・動物の「いのち」をもらい生きている。それらの「いのち」を受け継ぎ感謝するためにも、自分の「いのち」、そして友達の「いのち」を大切にしてほしい。

友達同士の付き合いは、学校生活の中で最も重要な要素であり、喜びにも悲しみにも変化する。友達にやさしくできることは、相手を大切にする心と態度が身に付いている証拠であり、自他の「いのち」を大切にすることにもつながる。

報道陣がいない静かな柚木小学校の「いのちを見つめる集会」であったが、校長になれたからこそ、直接子どもたちに語りかける機会を得た。6月1日の意義を決して忘れることはない。

「くまさん」の詩

子どもたちに校長講話で語りかける時、私は詩を用いることがある。詩の短い文の中に、やさしさと感動が含まれているからだ。導入やまとめでの詩の活用は、子どもの心の中に静かに染み込んでいくように思える。

「好きな詩人は」と聞かれた時、私が必ず答えるのが、「まどみちお」さん。「ぞうさん」や「やぎさん　ゆうびん」の詩は、相手を思う気持ちがやさしく、ユーモラスに描かれており、とても心が穏やかになる。小学校低学年でも、しみじみ味わえる詩だ。

そこで、「いのちを見つめる集会」の締めくくりとして、まどみちおの「くまさん」という詩を朗読した。

くまさん

まど　みちお

はるが　きて
めが　さめて
くまさん　ぼんやり　かんがえた
さいているのは　たんぽぽだが

ええと　ぼくは　だれだっけ
だれだっけ

はるが　きて
めが　さめて
くまさん　ぼんやり　かわに　きた
みずに　うつった　いいかお　みて
そうだ　ぼくは　くまだった
よかったな

長い冬眠から目覚め、まだ眠たいくまが、川にうつった「いい顔」を見て、「ぼくはくまだった」と思い出し、「くまに生まれてよかった」と喜んでいる。何とも微笑ましい情景だ。

子どもたちに「自己肯定感」を持ってほしい。人とは違っていいんだよ。自分は自分。自信を持って生きていこう。

子どもたちにエールを送りたくなって、この詩を選んだ。

「生きているって、すばらしい。」

「いのちを大切にして、一日一日大事に生きていこう。」

と感想を書いてくれた3年生の女の子がいた。

この詩の余韻が、子どもの心に届いた気がして、うれしかった。

「学校だより」で保護者・地域の方々へ

どの学校も保護者・地域向けに発行している「学校だより」。校長文責のものが多く、行事の紹介や子どもの様子を工夫して紹介している。ホームページでの閲覧も可能で、日々進化している。

私も校長になって、「学校だより」を書くようになり、最低でも週1回発行し、子どもたちの様子を紹介してきた。

そのうちの一つ。6月1日の集会終了後に発行した「学校だより」の一部を紹介する。

学校は、子どもたちの「いのち」を守るために必死で努力します。例えば、休み時間の遊びや日記・会話など、いろいろな機会を通して、子どもたちと向き合い、互いのコミュニケーションを図る努力をしています。人間の心の中には、うれしい、楽しいというプラスの感情もあれば、悲しい、寂しい、怒りというマイナスの感情もあります。大人から大事にされているという意識を子ども自身が感じとれば、悲しい、寂しい、怒りという感情がたとえ生じたとしても、情緒が安定し、他を攻撃するとかその場から逃げるとかいう行動をしなくなると考えます。

　その大人に、私たちがなりましょう。大人がしっかり子どもの気持ちを受け止めましょう。子どもの心の居場所が、学校や家庭・地域となることができるように、さらに保護者・地域の皆様と連携を深めながら、子どもたちを見守っていきたいと思います。

　これからの1週間は学校公開を行い、全学級で道徳授業を行います。「いのちの教育」のさらなる充実を図り、そして子どもたちの健やかな成長を願って、ともに歩んでいきたいと考えています。皆様のお越しをお待ちしております。


「いのち」の大切さは、子どもには直接指導できるが、保護者や地域の方々にどう浸透させるか、その手段の第一が「学校だより」である。子育ては、学校任せ、家庭任せ、地域任せで成り立つのではなく、互いの協力・連携により大きな成長を図ることができる。

　この「学校だより」で特に言いたかったことは、「大人から大事にされているという意識」を子どもたちに持たせるということである。その意識を子ども自身が感じとれば、友達に対し攻撃的になることは少なく、自ずと「思いやり」の心も生まれてくる。

そんな大人に私たちはなりましょう。

「学校だより」は、子どもを第一に思う大人同士の合言葉、共通認識といえる。

保護者・地域の結束力

柚木小学校に着任し、すぐにわかった。

保護者・地域住民の誰もが、子どもたちを大事に思い、地域全体の宝にしていることがよくわかった。


このことは、他の地域も同じと言える。

ただ、特に柚木地区の結束力を強く感じたのは、「今、柚木小学校がたいへんだ」「子どもが荒れている」というのを、地域の共通課題にしていたことだ。荒れた学校であることを隠さず、みんなでどうにかしたいという思いがあった。地域の地盤がしっかりできていた。それがすばらしいと思う。

そうすれば、みんなの知恵で解決策が生まれ、それぞれ力を出し合い協力しようとする。私もそう信じて、保護者や地域の方々とお付き合いしてきた。
柚木小学校の「荒れた学校」というレッテルを外したかった。子どもたちを正常な学校に戻してやりたかった。ただそれだけだ。

前述したが、ＰＴＡ会長が教育委員会へ来訪されたのも、その表れだ。ＰＴＡの恥と思わず、相談に来られた時から、私との出会いが始まった。まさかその後すぐに、柚木小学校の校長になるとは思わなかったが、これも何かの縁と思う。
１月に当時の５年生の荒れのど真ん中に入っていった私に、その後もしっかり責任を取りなさいという人事であったのだろう。そのおかげで、私も着任早々、保護者や地域の方々からいっぱい後押しをしていただき、本当に助かった。

余談になるが、廊下の壁を叩き、私に胸倉を掴まれた子どものお父さんは、実はこのＰＴＡ会長だ。私が白状すると、「ありがとうございます。」と返ってきた。「息子も集団の中で、どうしてよいか迷っていたのでしょう。おかげで目が覚めたと思います。」と話された。立派な成人になった彼に出会った時、お父さんの横で私は笑顔で話すことができ、とてもうれしかった。

児童養護施設「天心寮」（当時）が、１９７３年（昭和48年）、他の地区から柚木地区へ移転した時も、最初は地域の戸惑いがあっただろう。けれど、「天心寮」の子どもたちを思い、地域の中でしっかり育てていこうとする地域の愛情を強く感じた。

　この愛情は、私の次の学校、大久保小学校においても同じであり、特に事件後の地域の結束力には驚くべきものがあった。

第3章　堂々と前を向いて（大久保小学校の校長として）

第1節　大久保小学校へ

事件のあった学校

「えっ、事件のあった学校！」

２０１４年（平成26年）３月下旬。

入学手続きに来られた若いお母さんの驚きの声だ。当時、私は2回目の佐世保市教育委員会勤務であり、この時初めてこのお母さんと出会った。

お母さんは、転居を決めた住所が大久保小学校の校区であったことを知り、娘の入学を心配し、冒頭の言葉が自然に出たのだろう。

その後、お母さんは、ご主人に電話をかけ始めた。その話の内容は、「事件のあった学校に、子どもを入学させるかどうか。転居先を別にするか」というものであった。

聞き耳を立てていたわけではないが、気になったので、何となくその様子を見ていた。というのも、私はあと1週間後に念願かなって、大久保小学校の校長として着任するからである。定期異動の発表が終わり、気持ちは少し大久保小学校へ傾いていた時のことだ。

ご主人との電話が終わり、お母さんはさらにどうしようかと迷われていたので、私は就学担当に代わって、こう話した。

「お母さん、大久保小学校はとてもいい学校ですよ。心配には及びません。また、この4月から私が校長として着任する学校です。私が責任をもって、お子さんを育てます。安心して大久保小学校に入学させてください。」

事件からちょうど10年になろうとする時。

やはり、一般の方々においては、「事件＝大久保小」というレッテルがまだ貼られているのかと感じた。しかし、入学するかどうか瀬戸際のお子さんを運よく引き留めることができ、私は内心ホッとした。事件があった学校とひるむのではなく、逆に「大久保小学校に娘を入学させてよかった」と感じてほしいからだ。とともに、「私に任せてください」と断言した責任の重さを実感した。もちろん、その分やる気も湧いてきた。

一人の保護者との出会い、そして少女との出会いは新鮮であったし、入学から4年生になるまでの4年間、少女の成長を見続けることができた。たまたまの出会いが、大きな喜びを導き出してくれた。

着任の喜び

「大久保小学校は、希望して異動されたのですか？」

よく記者から尋ねられた質問だ。

事件の担当者である私が、今度は校長となって大久保小学校に着任することになったので、私の本心を聞きたかったのであろう。

「県教職員の人事は県教育委員会が任命することになっており、市から県を通して『行きたい』という希望を出していました。それが叶ったのだと思います。」

事件のあと、何か宿題をやり残した気持ちが強く、ぜひ子どもたちと接しながら「いのちの教育」をしたいと考えていた。定年退職まであと4年。骨身を埋めるつもりで来た。これが、本心である。

2014年（平成26年）4月1日。

晴れて私は、大久保小学校の校長となった。

校長室や職員室はあの時のまま。6年教室もあの時のまま。ただ一つ大きく変わったのが、「いこいの広場」。殺害現場の「学習ルーム」から生まれ変わり、今では池に小さなフナが泳いでいる。ベンチも置かれ、ゆったりとした時を過ごすことができる。景色は10年前とほぼ一緒であるが、今度は自分がこの学校の主となり、責任を担うことになった。

着任早々、地域の方々が、次の話を教えてくれた。

「加害女児の住んでいた町内会長さんは、自分の地区から加害者を出して申し訳ないと涙ながらに話された。」

「朝の登校時のあいさつ運動は、事件後に民生委員・児童委員を中心にして広まり、現在まで続いている。」

「元々運動会は、連合町内会と小学校で別々に実施していたが、事件後『大久保地区で、子どもを中心とした盛り上がる運動会にしよう』ということで、それから合同で行うようになった。」

その他、放課後の見守りや丸付けの手伝い等、ボランティアによる活動も充実している。

このように、地域の方々から温かく支えられてきた学校であり、地域との密着度がものすごく強い。子どもたちを取り巻く大人の社会が、大きなまとまりを見せ、学校に大きな活力を与えている。

「来てよかった。」

私が事件の担当者だった頃のことを知る地域の方からは、「お帰りなさい」と声をかけていただいた。

子どものために

私は、大久保小学校に着任してすぐ、「学校だより」に次のことを書いた。

「常に、子どもをど真ん中に置き、学校と家庭が行う役割をそれぞれが果たし、地域の方々にもご支援・ご協力をいただければ、さらによい子が育つと考えます。

よいことも悪いことも共有し、ともに喜び、ともに悲しむ、ともに子どもを育てるという、大人同士の信頼関係を築きましょう。

これからも、子どもたちの将来の幸せのために、私たち大人の力を結束させていきましょう。」


大人が同じ方向を見る。

子どもをみんなで育てる。


校長と先生たちが、そして保護者・地域の方々が共通の認識をもち、子どもの指導にあたる。

そのためにも、校長は、子どもを取り巻くすべての方々に、自分の考えを示す必要がある。

そして、それを呼びかけなくてはならない。

子どもを常にど真ん中に置く。

この共通の目的をもっていれば、教育がぶれることはない。

「校長先生、あの子は、私の店の前で必ずあいさつをして帰って行きますよ。他の子もそれを見習うようになりました。」

「『放課後子ども教室』が終わったら、あの子は片付けをよく手伝ってくれます。」

「サッカーボールを蹴って帰っていたので、注意しました。」

保護者や地域の方々が、子どものよいことも悪いことも教えてくださるようになった。子どもをつぶさに見ていただいている証拠である。子どもとのコミュニケーションも、その都度していただいている。

とてもありがたい。子どもをみんなで見守る地域であることに誇りを感じた。

「環境は人を育てる」

この環境の中にいる子どもは幸せであり、きっとよい子が育つに違いない。「子どものために」を合言葉に、考え動く集団がそこにあった。

第2節　「いのちの教育」とは

「いのちの教育」の考え方

「いのちの教育」とは？

絶えず答えを模索している難題であり、それぞれの立場で様々な考え方があると思うが、子どもを育てるという観点から、私は次のように考えている。


「いのちの教育」は、いのちそのものの直接的な行事や取組を指すだけでなく、日常の学校生活、家庭生活のすべてのことが「いのちの教育」につながっていると考えています。

　つまり、どんなものに対しても、相手を大切にする心や態度で接していくという習慣化が、「いのちの教育」の根本になるということです。

　例えば、持ち物を大切に扱うことができるとか、動植物に対して愛情をもって接することができるとか、友達や家族、地域の方々に気持ちのこもったあいさつや言葉遣いができるとか、このような基本的な行動ができる子が、ひいては自他のいのちを大切にする大人に育っていくと考えています。

「いのちの教育」と聞かれた時、私は必ずこのように答えている。

するると、記者のほとんどは、「はあ」というような顔をする。「そんな普通のことを聞いているのではなくて、『いのち』というテーマのもと、どんな教育を進めようとするのかということを聞いているのです」と言いたげな顔をする。

多分、いのちに直接関わるイベントのようなものをいくつか答えてくれると思っていたのだろう。観点がずれていると思ったに違いない。

記者が求めるであろう「いのちの教育」を例として挙げてみると、このようなものがあるかと思う。

・自分の誕生
・植物の実ができるまで
・ウサギと人間の心臓の鼓動
・食事と栄養
・エコーによるお腹の中の赤ちゃん
・寿命の意味
・戦争で失われるいのち
・いのちに関する有識者の講演

等々、「『いのち』をテーマにした取組を、学年に応じ月ごとに年間計画に位置付けています」

と答えるのが模範解答であろうか。

例えば、故人ではあるが、日野原重明先生をお呼びして「いのちの授業」について語っていただくとか言うと、「おっ、すごい！」と歓声があがるのだろう。

もちろん、これらは立派な「いのちの教育」であり、年間計画の中に様々な活動を仕組むことは、子どもの成長過程の中で非常に重要なことと考える。

ただ、ここで間違っていけないことは、これらのことはあくまでも表面的な部分であり、「いのちの教育」には土台となる基礎基本があることを忘れてはならないことだ。言い換えると、いくら立派な家を建てたとしても、土台となる土地や柱が崩れることになれば、家そのものの存在が成り立たないということである。基礎基本がしっかりしているからこそ、よい家が建つし、よい子どもが育つ。


子どもたちと毎日直接接していくと、「いのちの教育」は年間計画に位置付けられた行事を一つ一つこなしていくという形式的なものでなく、日常の中で常に機能しなければならないものであることに気づく。どんな時にも、どんな場合にでも適用できるのが「いのちの教育」であり、日々の積み重ねの指導、そしてタイミングのよい指導が、どれだけ必要かということが、子どもとの関わりでわかってくる。

人間はとかく派手なことに目を向けがちであり、地味な基礎や基本を疎かにすることがあるが、「いのちの教育」は基礎基本という確かな土台があってこそ、成り立つものといって過言ではない。

また、一人の教師より、複数の教師、さらに学校だけでなく保護者・地域の方々と、子どもと関わる者が増えれば増えるほど、教育に厚みが出てくる。

「いのちの教育」を難しくとらえる必要はない。

日々の生活の中で、相手を大切にすることを意識しながら行動化を図り、培っていくものと考えている。

凡事徹底。

ただこれも口先だけでなく、適宜子どもを見つめ、評価し、再度指導に生かす。この一連の流れが重要になる。人間として自他ともに生きるうえで、普通で当たり前のことを、いかに確実にできるかどうかが鍵となる。

そう考えると、「いのちの教育」は「人権教育」そのものといってもよいと思う。

学力向上とのつながり

「いのちの教育」と「学力向上」はどちらが大切なのだろうか。また、両立するものなのだろうか。

今から50年くらい前までだろうと思う。学力は学校で習得するもの、情操面は家庭で育むものというそれぞれの自覚があり、互いに役割分担を果たしながら子どもを育ててきた。私が新規採用教員になった1980年（昭和55年）においても、その考えは少し残っていたが、家庭によりまちまちで学校任せという傾向が出始めていた頃でもあった。

ところが、いじめの問題がその頃から顕在化し、自殺者が多発するようになってからは、学校教育における「いのちの教育」の役割が大きくなってきた。学校で、その中心的な役割を果たすのが、道徳の授業であり、文部科学省は、小学校では2018（平成30）年度、中学校では2019（令和元）年度から「道徳の時間」を「特別の教科道徳」に変更し、より力を入れていくとした。

一方、全国学力テスト（正式名称は「全国学力・学習状況調査」）も2007（平成19）年度に始まった。小学6年生と中学3年生が対象だ。都道府県別の平均正答率が公表され、国語や算数・数学等の比較が見えるようになった。

　併せて、長崎県でも小学5年生と中学2年生において同様の教科を、佐世保市においても、小学4年生と中学1年生というように、全国のテストを見据えた3学年にわたる3段階の学力テストを実施している。

　要するに、文部科学省が「いのちの教育」と「学力向上」のどちらにも力を入れていることは明らかで、公立学校はその方針に従って両立させなければいけない仕組みになっている。それぞれの道を歩んできた両者であるが、それらの受け皿となってきたのが学校だ。学校の担う役割が拡大化し、「学校の多忙化」の一因にもなっている。


　私はこの両者は、車の両輪のように相乗効果があるものと考えている。ただ、土台となるのは、「いのちの教育」ではないか思っている。落ち着いた環境のもと、学習に取り組む姿勢が整ってこそ、学力向上につながるからだ。

「学力向上」と騒ぐ前に、「いのちの教育」に絡んだ落ち着いた環境を整えて初めて、両者がつながりをもち、結果を伴うものになる。別のものとしてではなく、同化して考えることが必要ではないだろうか。

校長先生との4つの約束

「『校長先生との4つの約束』を言ってみましょう。さん、はい。」

1　自分の「いのち」を大切にする。
2　人（友達等）の「いのち」も大切にする。
3　動植物の小さな「いのち」も大切にする。
4　友達に対し、やさしい言葉をつかう。思いやりの態度でかかわる。

全校児童と一緒に唱える「4つの約束」。

1年生も自分の顔と同じくらい大きな口を開けて言うので、とてもかわいい。全校児童の声が体育館いっぱいに響くと、迫力があって気持ちがいい。

私は、大久保小学校在任中の4年間、「いのちの教育」を徹底させるため、子どもにわかりやすい言葉でスローガンみたいなものを唱えさせたいと思い、この「校長先生との4つの約束」を作成した。

この「4つの約束」を、全校児童が声を出し確認する時は、基本的に次の4回。「いのち」に関わる4つの行事の時である。

・6月1日　いのちを見つめる集会
・6月29日　平和集会（佐世保空襲の日）
・8月9日　平和集会（長崎原爆の日）
・12月　人権集会（人権週間）

また、これまで「死ね」の落書きがあった時や、「いこいの広場」のフナを殺してしまった時など、「いのち」に関わる問題行動が起きた時には、全校児童を緊急に集合させ、この「4つの約束」で確認し合うようにしてきた。

「いのち」という生きるうえで最も重要なことを、6月1日の「いのちを見つめる集会」のみで、正しく理解し行動できると私は思っていない。1年間の長いスパンで「いのちの大切さ」の指導を繰り返し行い、積み重ねていくことが重要と考えている。それぞれの行事を単独に取り扱うのではなく、つなげて指導すると効果が倍増する。そのつなげ役となるのが、この「4つの約束」というわけだ。

これらのことは、学校だけでなく、家庭・地域を含め、子どもを取り巻く社会全体の確認事項であり、よい行動があった時には心から褒めるようお願いしてきた。

この「校長先生との4つの約束」は、子ども自身、そして全員が確認し評価しながら受け継いで語っていくものであり、地域社会全体の一貫した教育であったと実感している。

第3節 「いのちの教育」を進めるための基礎基本

やさしい言葉遣いを

この第3節では、私が大久保小学校在任中において、どのようにして「いのちの教育」を進めてきたか、そのための基礎基本となる7つの事柄について述べてみたい。

「いのちの教育」を進めるための第一歩は、何といっても「やさしい言葉遣い」である。

単に、「おはようございます。」のあいさつの言葉でもよい。「ありがとうございました。」の感謝の言葉でもよい。「大丈夫だよ。」の励ましの言葉でもよい。発する言葉一つ一つにやさしさがあれば、それでよい。「思いやり」の気持ちが相手に伝われば、なおさらよい。

コミュニケーションという対話でなくてもよい。たった一つの言葉だけど、その一言が相手にとって心地よい言葉であれば、それでよい。

発せられた言葉というものは、その時のその人の心の中を表しているといえる。子どもの中には、「です」「ます」の語尾で話し、相手に対する丁寧な対応が身に付いている子どもがいっぱいいる。言葉遣いがやさしいと、表情まで柔らかくなり、心も温和になれる。

ここ数年、「ふわふわ言葉」と「チクチク言葉」という授業をする教師が増えている。主に、小学1・2年の道徳授業などで行われることが多い。

「ふわふわ言葉」とは、例えば「ありがとう」「ごめんね」「すごいね」「よくがんばったね」など。

逆に、「チクチク言葉」は、「バカ」「死ね」「ウザい」「キモい」「あっち行け」などの言葉。思わず言ってしまう前に、一呼吸おいて言葉を発するようにすれば効果的である。落ち着いて言葉を話させる訓練ともいえる。


この「やさしい言葉遣い」を浸透させる第一のコツは、大人が手本を示すこと。先生方はもちろんだが、家庭にもその旨しっかり伝え、「やさしい言葉遣い」の率先者になることを互いに確認したい。

そして、子どもの言葉遣いに常に敏感になり、褒めたり注意したりを、その都度タイミングよく繰り返すことが大事だ。やさしい言葉を使うと、相手が気持ちよくなると同時に、言った本人もうれしくなる実感をたっぷり味わわせることが必要である。

このように考えると、「やさしい言葉遣い」は「いのちの教育」を支える大きな柱ともいえる。

派手よりも地味の継続を

私たちは、何かを見て「カッコいい！」と言うことがある。漢字で書くと「格好（恰好）いい」となる。

「格好いい」とは、一般的に次のような場合によく使う。

- 容姿（顔立ち・体つき）がきれい。（男性の場合が多い。）
- おしゃれであり、似合っている。
- 運動等の技能に優れている。

確かに、そのとおりだ。人間はとかく外見や特別な技能など派手なことに目を向けがちであり、つい「格好いい」と言ってしまう。

では、このようでない人は、格好よくなれないのだろうか。

私は、人間には、「さりげない格好よさ」があるのではないかと思っている。「さりげない格好よさ」とは、私が名付けた言葉であり、子どもたちの所作を意味している。

例えば、学校教育の中では、次のような所作をいう。

- うなずきながら話を聞く態度

・背筋の伸びた授業中の姿勢
・廊下や階段を丁寧に歩く姿
・足を軽くそろえ、あいさつの形を決める態度
・落ちていたごみを、すっと拾う態度
・黙々と掃除をする態度

など、いろいろな所作がある。これを習慣化し、自然に振舞うことができれば、これが本当の「さりげなさ」だと考える。

「格好いい」とは、持って生まれた容姿がなくても、きれいな服を着なくても、特別なことをしなくても、優れた技能や才能がなくても、誰にでもできることである。何も目立つことをしなくてよい。


ここで私は、「派手なことをしてはいけない」と言っているのではない。派手なことは、計画と準備に多くの時間と労力がかかるとともに、当日及び後片付けまで、大勢の人のすごい努力があり成り立つ取組である。その分、大きく盛り上がり、評価も高い。

ただ、取組が大掛かりなため、いつもできるわけでなく、1年に数回かの単発的なものになってしまう傾向がある。

だから、ここで強く言いたいことは、派手な取組をしなくても、「いのちの教育」はちゃん

とできますよということだ。日々の教育活動の中で、落ち着いた心、奉仕の心、思いやりの心が育ち、それらの心が態度化されれば、自他の「いのち」を大切にする子どもが育つ土台ができるのではないだろうか。

つまり、「いのちの教育」を進めるための基礎基本となる地味な所作を地道に続けることが、まずは大事なんですよということを言いたい。

そこで、大久保小学校では、地道にさりげなく「格好よさ」を出している子を見つけ、認め褒めるようにしてきた。給食時の校内放送がチャンスであり、「格好いい」子どもを見つけては紹介してきた。すると、教室のあちこちから拍手の音が放送室にまで聞こえてくる。何ともほほえましい給食時間であった。「さりげなさ」から生まれるそれぞれの所作は、その子なりの努力や人間味を感じとることができるひと時になった。

テストで満点ばかりとらなくてもいい。サッカーでゴールを決めなくてもいい。劇の主役にならなくてもいい。

お手伝いをするとか、妹の世話をするとか、やさしい言葉かけができるとか、その子が日常続けていることからその子のよさを認め、いっぱい褒めてあげてほしい。家庭教育へのお願いだ。

ただ、保護者からこういう指摘をいただいたこともある。

「学校教育の中で細かなところまで目を配っていただき、感謝しています。一つ気になるのが、形にとらわれて、形式的になっていないか心配です。」

さすが、よく見ていると思った。

「さりげない格好よさ」の形が全体的にできてはいるが、心をもって態度化している子と、注意されるから仕方なくするという子の二とおりがあるのではないかと常々感じていた。

ここが、悩みの一つであった。

「仏造って、魂入れず」ということわざがあるが、まだ魂がすべてに入っていない状態と言える。このようなもやもや状態が続いた時、お茶を趣味としている方から、こういう話を聞いた。

「お茶はまず形から入る。形を作っておいて、後で心が入るもの。頭であれこれ考えないで、手を動かしなさい。」


そうだ、これだ。

心を育て、態度化につながれば、「いのちの教育」の土台ができると前述したが、形（態度化）から心への移行でもよいのではないか。指導の流れとして当然あることだと思うようになった。だから、別にあせることはない。それこそ、地道に一歩ずつ一人一人の子どもの心を育てればいいんだ。

何か胸がスッキリした。

掃除のできる子に

「掃除の上手な子を見つけ、褒めてあげてください。」

私は、先生方によくこのように話してきた。

子どもたちは、学校のほとんどの時間を、国語や算数などの授業時間で過ごす。「よく発表をする子だ」「意見をまとめる力がある」「テストの点数が上がった」等、褒められる機会も多い。だが、授業時間とは別に、子どもの心の成長につながると思う時間が日課の中にある。それは「掃除」の時間だ。ほぼ毎日活動する「掃除」の時間から、子どもの確実性や心の安定が見えてくる。掃除時間に学校内を一周してみると、よくわかる。近づいてくる私が見えた瞬間、とっさに掃除を始める子もいれば、気にせずひたすら掃除を続けている子もいる。

このように、掃除時間の子どもたちの動きは様々で、それぞれの本音が出ているような感じがする。

ここで私が一番大事に思うことは、黙々と確実な仕事をしている子をそのままにせず、認めるということだ。

掃除には派手さがないので、つい見逃してしまいがちだが、このような子を見つけること。

そして、その場で褒めてあげること。担任に伝えること。学級や全校でも褒める機会を設定すること。保護者や地域の方々にも知らせること。

このような紹介と公表で、普段はあまり目立たない子にスポットライトを浴びせるということを忘れてはならない。

このような地道な行いには信頼がおける。そこに教師がいなくても、掃除で学校をきれいにしようとする目的を確実に達成している。

将来の大人の社会の中でも、地味だがそれに近い動きをしてくれることだろう。将来の自分の仕事に、役に立つに違いない。

家庭においては、一緒に掃除をしたり料理をしたりするなどの体験を増やし、慣れから生じる自信を付けさせてほしい。そうすると、子どもは学校でも力が発揮しやすい。一つ一つの確実性と心の安定を大きく褒めてほしいと願う。


「いのちの教育」と「掃除」は、何の関係があるのだろうかと思われた方もいらっしゃるかもしれない。

しかし、地道で確実性のある子どもは、判断ミスが少なく、相手を傷つけることも少なくなる。「いのち」を大切にする心と態度が育ってくる。

「いのちの教育」には、このような指導の観点が必要だ。

本を読む環境づくり

好きな本は、バトルロワイアル。

加害女児が、5年生終了時の「文集」に書いた本の名前である。強要された殺し合いをゲーム感覚で楽しむインパクトのある内容なので、事件当時、原因の一つに挙げられていた小説である。

小学校の高学年にふさわしい本かどうか問われた時、結果から推察すると必ずしもふさわしいとは言えない。ただ、高学年にもなると、大人が読むような様々なジャンルの本に興味をもち、選び方に個性が出てくるのもこの頃である。

「本は心の栄養」という言葉がある。

本を読むことによって、言語能力が発達したり、集中力がついたり、想像力・感受性が豊かになったりと、よい効果がたくさん身に付くことを言い表した言葉である。

本にはその力がある。本を一冊一冊読破し、自分の心の栄養にしながら、相手を思いやることのできる人間へと成長してほしい。その願いをこめた言葉である。

そのためにも、「よい本との出会い」が必要となる。自分で興味のある本を選ばせるだけでなく、教師や親がお勧めの本の紹介をする機会を設ければ、読書の幅が広がる。興味のなかった未知の世界の扉を開くきっかけになるかもしれない。

そのきっかけとして私は、「読書活動の楽しさ、よい本との出会い」をテーマに、校長授業を行ってきた。一人ではなく、学校司書とのＴＴ（ティーム・ティーチング）授業である。大久保小学校では、１年生と４年生に対し授業を行ったが、ここでは１年生の例を紹介したい。

授業の目的は、次の２つ。

① １年生によい本との出会いをさせ、読書に親しむ習慣を身に付けさせたい。

② 知識の量を増やし、心豊かな子どもに育ってほしい。

このような目的のもと、学校司書にジャンルの違う３つの本を選んでもらった。

一つ目の本は、写真と文を見ながらセミの成長を感じとる本。二つ目は、しりとりの言葉がいっぱい入った絵本。三つ目は、人間化した冷蔵庫の夏のひと時を表した文字が多い本。

学校司書には、１年生にどんな本を読んでほしいか、読書の楽しさとはどういうところにあるかなど、一冊ずつ紹介してもらった。

１年生には、３冊の中で一番好きな本を１冊選ばせ、その理由を聞いてみた。最初、「楽しそう」という理由で絵本を選ぶ子が多く、次に「昆虫が好きだから」という理由で写真と文の本を選ぶ子が多かった。文字が多い本は敬遠されていたが、学校司書の話を聞き、「冷蔵庫の気持ちを知りたい」という理由でその本を選ぶ子も出てきた。

このように、小学校生活の初期の段階で、よい本との出会い方をゆさぶりながら学ばせれば、今後も自分から進んで本を選ぼうとする意欲が湧いてくるのではないか、そう信じてこの授業を設定した。

ここで大事なのは、この授業は保護者にも参観してもらったということだ。そこに意味がある。「よい本との出会い」を家庭でもしてほしいと願うからだ。学校だけの話にしたくない。もちろん参観できない保護者のために、「学校だより」を通して趣旨を説明し公表した。「やっぱり本っていいなあ」と、感想をしみじみ語ることのできる学校と家庭と子どもの関係でいたいなあと思う。そういう学校環境・家庭環境を築きたい。


また、各学校においては、ここ20年くらい前から図書室の環境が著しく整い、子どもたちが本にじっくり親しめる環境が整ってきた。

まず、図書室がきれいだ。季節感あふれる掲示物、推薦図書又は新刊本の展示など、すべてに時間と労力がかかっている。

次に、読み聞かせの時間が充実してきた。学校司書を含めた教職員による読み聞かせ、そして保護者による読み聞かせなど、全校をあげて、そして保護者の力も借り、本当に充実してきた。

私は校長として、柚木小学校と大久保小学校の2校に勤務したが、どちらもボランティアの熱心さがすばらしい。本当に恵まれていた。子どもたちを大事にしているという親の姿勢がよくわかる。子どもたちも図書室に来るのが楽しみという顔で、大事そうに本を抱えて出入りする。この光景は見ていて微笑ましく、幸せを感じる。

本を読む環境づくりは、「いのちの教育」を進めるためには、絶対に外せない。教師や親からだけでなく、本が子どもの心を育てる一翼を担っているからだ。

学校の図書担当の力、学校司書の力、そして保護者を中心としたボランティアの力が結集した図書室経営は、ＳＮＳの時代が来た今でも、そして未来においても、子どもと本とのよい関係を保つ中心的役割を果たすに違いない。書籍離れが進む今日、子どもと本とまわりの大人たちの関係は、まだまだ根強いものがあると言ってよい。

小さな「いのち」を大切にする子に

「動植物の小さな『いのち』も大切にする。」

と、いつも話してきたのに……。

大久保小学校在任中、悲しい出来事があった。

場所は、いこいの広場。

いこいの広場とは、第一章でもふれているが、事件現場の「学習ルーム」を改装し、池やベンチ・花壇を整備した開放的な空間のことである。児童の命名によるもので、当時の6年生の卒業に間に合わせ完成した場所である。

そこで起きた悲しい出来事とは、「いこいの広場」の池で飼っていたフナのいのちを奪う問題行動のことだ。


ショックだった。

「いのちの教育」を積み重ねてきただけに。

子どもの心に、まだまだ届いていなかったと痛感した。

そこで私は、翌日に緊急の全校朝会を開き、全校児童に次の3点を指導した。
1　犬であろうが、猫であろうが、また、カマキリ、チョウ、カブトムシであろうが、体の大小は違っていても、みんな生きていて、いのちをもっている。

これらのいのちは、人間と同様に平等であって、差別されるものではない。特に、小さな動植物のいのちは、私たち人間が大切に守ってあげるべきものである。

2　フナのいのちが奪われるのを、見ていた子どもがいる。その子たちは、どういう気持ちで、その様子を見ていたのか。面白半分で見ていたのだろうか。やめるように注意できなかったのだろうか。それができなかったら、先生にそのことを話すことはできなかったのか。「いいことはいい」「だめなことはだめ」という自分の判断をしっかりもっていなければ、よい大人にはなれない。よい世の中をつくることはできない。

3　いこいの広場は、休み時間等の時間に、みんなが穏やかな心で、落ち着いて過ごす場所である。「いこい」という言葉には、「ゆったりとした気持ちでくつろぐ」という意味がある。
その「いこいの広場」で、フナのいのちが奪われたことは、ものすごく悲しいことである。「いこいの広場」の使い方を、決して間違ってはいけない。

フナには申し訳ないが、このことが子どもたちにとってよい勉強となり、いのちの大切さを真に実感してくれる機会になればと思う。

私も、小学生の頃、友達が小さないのちを粗末にする場面を何回も見てきた。セミに花火をつけて爆発させたり、ヘビを道路に放し車に轢かせたりと無残な光景が、今も脳裏に残っている。害虫とか、人間に危害を与える動物ならばやむを得ないところもあるが、今生きているいのちを奪うことは、たとえ小さなものでも許されない。

このことは、「学校だより」の紙面にて、保護者や地域の方々にもお知らせした。「いのちの教育」を進める学校が、このことを隠すわけにはいかない。それが、子どもの真の反省につながるからだ。


「学校だより」による保護者へのお願いは、次のとおりである。

> 私たち人間は、食べるために動植物のいのちをもらっています。釣りをして生きた魚をさばいて、刺身にして食べることもあります。
> そのことも併せて、保護者の皆様には、お子様に教えていただきたいことがあります。人間は生きるため、自分の健康を維持するため、体を成長させるために、動植物のいのちをもらっており、それらに対し、常に感謝しなければいけません。
> 小さな動植物の「いのち」を大切にできる子どもは、きっと友達(人間)も大切にする

ことができるはずです。

保護者・地域の皆様、相手を思いやるやさしい行動には、大きな称賛をしてください。また、相手を傷つけ、「いのち」を粗末にするような行動には、厳しい指導をお願いします。

このことを大きな反省材料として、私たち大人の結束を、より強くしていきましょう。そして、「いのち」の大切さを素直に行動に表せる子どもをみんなの手で育てていきましょう。

学校からの、私からの強いお願いです。


この「学校だより」発行後、フナの死を間近に見ていた男児の保護者から、私あてに次の手紙が届いた。

「校長先生、この度は息子がフナのいのちを粗末にする行動を起こしまして、誠に申し訳ありません。家庭でも厳しく叱りました。

小さなフナのいのちも、人間のいのちも、みな一緒。これからは、いろいろないのちについて、思いやりのある態度で接してくれることを願っています。今後ともご指導よろしくお願いします。」

次の日、この男児のお母さんとたまたまお会いしたが、心が通じた気がしてうれしかった。男児の成長が楽しみだ。

隠さない姿勢

生徒指導上の問題行動が起こった時、そのことをどこまで表に出すか、あるいは学校だけの内緒の話にしておくか、各学校悩むところである。

私は基本として、「隠さない」ことをモットーにしている。誰でもよい事例については喜んで表に出すことができるが、問題は悪い事例が起こった時の対処の仕方だ。

したがって、保護者からこういう指摘を受けたこともある。

「『学校だより』で子どもたちの活躍の様子をよく伝えてくださっていて、ありがたいです。しかし、時には、そこまで『学校だより』に書くべきことなのかなと疑問に感じる内容もあります。」

おそらく、この保護者は、前項の「小さないのち」にもあったような問題行動についての情報伝達を言っていると思う。

私も内々にしておけば、悩むことなく楽であり、好き好んでしているわけではない。表に出すことは、ものすごい勇気がいる。

しかし、関係児童の将来のことを考えれば、ここでしっかり事の重大さを教えておいた方が、その子の今後のためにきっと役立つに違いないと思っている。

逆に、学校だけの内々にしておいたとする。だが、このことは関係児童の身近な交友関係から次第にばれていき、保護者にも伝わる。結局内々にしておいたにもかかわらず、まあまあの範囲で事を知る人は増えているという状況が想定できる。ただ、学校から正式に教えてもらっていないので、モヤモヤ感だけが残っている。正しくない情報が伝わっている場合もある。それなら、内々にしておいたことは逆効果といえる。

そこで、関係児童の保護者と事後の面談をする際には、必ずこのような話をするようにしてきた。

「お父さん、お母さん、ここは心を鬼にし、お子さんの明るい将来のために耐えてください。あの時、親に悲しい思いをさせたとお子さんが強く感じれば、次に同じ過ちをすることは少なくなります。

私も心を鬼にして、お子さんの明るい将来のために、明日の臨時全校朝会でみんなに話します。また、『学校だより』にも記事を掲載します。手元の原稿をお読みになり、訂正してほしい箇所があったら教えてください。もちろん、個人名は出しません。このことで、いじめが起こるようなことは絶対ありません。私が守ります。」

私の学校経営の、そして「学校だより」作成のスタンスは、保護者・地域の方々とは、よいことがあった時にはともに喜び、悪いことがあった時にはともに悲しむという姿勢である。悪いことがあった場合には、みんなで大切な子どもを、よい方向に導くパワーが必要になるからだ。そのことが、子どもたちを伸ばすうえで、最も大切な大人の共通認識と考えている。

> 公開するのに勇気がいるような事案も、「学校だより」に詳しく書いていただいているので、全面的に信頼し、安心して通わせることができます。今後も、先生方にお任せしながら、親も一緒に見守っていきたいと思います。

これも保護者の意見である。

学校経営は、やればやるほど批判も出て落ち込むこともあるが、こういう後押しをいただくと、明日への活力が湧いてくる。

一番大事なのは、「将来の子どものために」という考えを大人がしっかりぶれずにもつことだ。小さなミスは、しっかり反省すれば、次によい方向に生かすことができる。大人が「内緒」とか「うやむや」という構えでいると、次もまた同じような過ちをしてしまう。

「小6女児同級生殺害事件」が起きた2004年（平成16年）。

事件後の大久保小学校をよい方向にという思いで明け暮れた年であったが、年度末の少し落ち着いた時に、教育次長と中学校主幹、そして私の３人で、教育視察という目的で出張に行くことになった。

視察地の一つが、東京都の杉並区立和田中学校。校長先生はリクルートを退社し、民間人校長となった藤原和博先生。先生の本を読み、話を聞きたくなり、ピンポイントで行かせてもらった。

「学校って不思議だね。問題があった時、校長が保護者との会合の中心にいて真っ先に話をすれば、解決は早いけれど、順番か何かあるみたいで、担任・生徒指導の先生、教頭先生の順で、最後にやっと校長の出番。そのうちに話がこじれて、もっと大きな問題になっていたりして、おかしいよね。企業なんか、大事なことはトップがそこにいるから解決が早いのにね。」

本当にそのとおりだ。当時の藤原校長の自信に満ちた表情から出てきた話は、私の考えと行動の拠り所になっている。

校長の率先する姿勢。将来の子どもを見据えての思い。

「いのち」を大切にする子どもを育てるためには、「よいことはよい、ダメなものはダメ」という当たり前の根本の指導を肝に銘じ、それを一つ一つ積み重ねていくことが重要と考えている。

話に一貫性をもつ

話に一貫性をもつ。

そのためには、子どもたちにとって、わかりやすく行動しやすい目標を立てる。そして、小さな評価と大きな評価を繰り返す。このことを常に考え、学校経営を行ってきた。

とかく学校は目標が多い。

学校教育目標・目指す子ども像・学年目標・学級目標・生活指導の目標・保健の目標・給食の目標など、学校で差異はあるが、子どもに示す目標が何と多いことか。

これらの目標は、学校運営上、必要最小限な数かもしれないが、言われた子どもの身になれば、あれもこれもでたいへんである。せめて校長講話の時には、子どもたちにあれこれ言わないで、一貫性をもって話をしたいと思っていた。

そこで、私が考えた「目指す子ども像」は、次のとおりである。

1	相手を大切にしたコミュニケーションを楽しむ子ども
2	よいことと悪いことを区別し、行動できる子ども
3	心のこもったあいさつや清掃をする子ども

過去の大久保小学校の「目指す子ども像」は、「よく学ぶ子」「やさしい子」「たくましい子」だったが、かなり具体的なものに変更した。シンプルな目標の方がよいと言われる方もいるだろうが、以前のままでは子どもがどのような行動を目指せばよいかわからない。

各教室の正面黒板の上に掲示するものであり、子どもがいつも目にする目標だ。子どもがわかるように、学習や生活に密着した言葉で示さなくてはならないと思い、このように変更した。

この目標のもと、日常の小さな評価と、学期始め・終わり等の大きな評価を加え、子どもたちを褒めたり注意したり励ましたりすれば、目標と評価が連動する。つまり、話が一貫しており、焦点がぶれることはない。徹底を図ることができる。

この「目指す子ども像」に、前述の「校長先生との4つの約束」を加えた2つで、1年間継続して子どもたちに熱く語ってきた。

「目指す子ども像」は「いのちの教育」の基礎基本を成すもの、「4つの約束」は「いのちの教育」の直接的な目標といえるもの。

このように、「いのちの教育」は、大久保小学校の教育方針の根幹を形成していたと言っても過言ではない。

第4節　いのちを見つめる集会（事件後10年目）

多くの取材

２０１４年（平成26年）５月。

事件から10年の歳月が流れた。節目の年であり、６月１日を前に報道陣の動きが活発になってきた。


大久保小学校では、５月中旬の日曜日に、「ふれあい運動会」を行うようにしている。事件後、学校と地域との密着度を深めるため、それぞれの運動会を一本化した運動会である。２週間後の６月１日が「いのちを見つめる集会」と続くため、気の抜けない日が続く。

報道の数社は、「ふれあい運動会」にも来ており、取材に力が入っているという感じがした。その中の一人が、私にこう話してくれた。

「運動会のそれぞれの係が責任をもって仕事をしていますね。呼び出しの子はあちらこちらでがんばっていましたよ。」

この記者の言葉は、私にとって本当にうれしかった。普通、運動会で褒められることは、主に「演技が上手だった」とか「リレーは迫力があった」、「行進がみんな揃っていた」等、表舞台の活動になりがちだが、この記者は係活動という裏方を褒めてくれた。

このような褒め方を久しぶりに聞いたので、何だかうれしくなってきた。早速、５・６年生を褒め、教職員にも感謝の意を伝えた。

そして、「ふれあい運動会」が終わってからの２週間が、報道各社においては取材の正念場となる。ひっきりなしに取材の電話が入り、校長室で落ち着いて仕事をすることができないほどだ。「事件の特殊性を考えると、当たり前のことだ。丁寧に一つ一つ対応する。」こう自分に言い聞かせて、各社の取材に応じた。

その中でも、東京からの取材が２件あった。ＮＨＫの「ニュースウォッチ９」とフジテレビの「めざまし土曜日」だ。２社ともテレビ局であるため、事前に映像に収めようと来校し、「いこいの広場」（旧学習ルーム）をはじめ、いろいろな場所の撮影をした。私も、たっぷりインタビューを受けたが、随分切り取られ、本番で出たのはほんのわずかな時間だった。そのうちのＮＨＫ「ニュースウォッチ９」は、トップニュースとしての扱いだったので驚いた。

事件後10年目の重みを感じる毎日だった。同時に、大久保小学校の校長として、責任の重さを十分痛感した時でもあった。

集会の意義

「事件からもう10年経ちます。6月1日の集会は、開かなくてもよいのではないでしょうか。」

「6月1日になると、毎年大久保小学校のことが報道されるので、あまり見たくないなあと思うことがあります。」


保護者や地域の方々の率直な意見である。

数多くではないが、6月1日が近づくにつれ、あるいは6月1日が過ぎてすぐ、このような話を聞くことがあった。「いのちを見つめる集会」を開催せず、そっとしておいてほしいという考えである。

確かに、毎年5月下旬から6月初旬にかけて、テレビや新聞に取り上げられるのを快く思っていない方も多くいたと思う。特に、保護者の中には、我が子の通学する学校が悪いことをしたかのように取り上げられるのは、嫌でたまらなかったに違いない。

このような意見がある中で、私は「いのちを見つめる集会」を開催したくないと思ったことは一度もない。むしろ「開催したい」「しなければ」という意欲というか義務というか、そういう気持ちが入り混じった責任感でいっぱいだった。

したがって、集会の開催の是非について保護者や地域の方々から聞かれた時、私はいつも次のように話し、納得してもらうようにしていた。

「『いのちを見つめる集会』の目的は、被害女児をはじめ、在学中に病気で亡くなった子どもの冥福を祈ることにあります。併せて、事件の教訓をもとに、思いやりの心と態度で人に接するという子どもたちの決意を表明することにあります。

このように、『いのちを見つめる集会』は、大久保小学校の子どもたちの生き生きとした姿を大きくアピールするよい機会であり、その意義は非常に大きいと考えています。

これからも、大久保小学校は前向きに堂々と集会を行うことを宣言し、自信と意欲にあふれ開催します。」

集会に参加した4年生が、次の感想を書いてくれた。

「ぼくは、今日の集会で、いのちの大切さがよくわかりました。いのちはかけがえのないものであり、いのちを無駄にする行動は絶対にいけないと思います。今生きていることを誇りに思い、これからも自分やまわりの人たちのいのちを大事に守り続けていきます。」

「集会を開いてよかった。」と胸をなでおろす瞬間であった。

第5節　報道各社との意見の相違

子どもにどこまで伝えるか

「校長は、事件の内容についてはふれなかった。」

毎年これがひっかかっていた。6月2日の新聞の記事だ。

大久保小学校の校長として勤務した4年間、「いのちを見つめる集会」の翌日の記事には、必ずこの一文があった。何か悪いことでもしたかのように、各社の記事にこの一文が掲載されてきた。

加害者が同級生ではなく、全く別の世界の人間だったら、事件の内容について、少しは子どもたちに話しやすかったと思う。

本事件の3年前、2001年（平成13年）6月8日に起きた大阪教育大学附属池田小学校の校内児童殺傷事件と比較してみる。

当時37歳の男性（死刑囚）が包丁を持って校内に侵入し、教室にいた児童を次々と襲った。小学２年生の女児７人と１年生の男児１人が殺害され、１・２年生の児童13人と教員２人が重軽傷を負った事件である。被害者の数は池田小学校事件が圧倒的に多く、子どもたちを包丁で追いかけ回す光景は、まさしく地獄絵図といったものであったろう。助かった子どもたちも、ＰＴＳＤなどの症状を起こし、今もその光景を思い出し、苦しむ人も多いに違いない。

ただ、校長として子どもたちに語りかける時、加害者と被害者が全く別の立場であり因果関係もないので、被害者に寄り添い、加害者を憎むことができる。

ところが、大久保小学校の事件の場合は、加害者・被害者が同級生であり、関係が近すぎるため、全く別の者として色分けができない。「同級生から殺された」なんて決して言えない。だから、「同級生とのトラブルで亡くなった」と話すのが、精一杯だった。それでも、まだ「表現が足りない」と記者から追及されることも多かった。１年生から6年生と発達段階が違う小学生に、全校集会の場で、この真実を話す必要があるのだろうか。

「学校は楽しいところだ。それは友達がいるからだ。」

日本全国のほとんどの小学生は、こう答えてくれるだろう。

このようなことから、あえて私は、退職時の最後の校長講話においては、これまで話してきた「同級生とのトラブルで亡くなった」さえも言わないように決めた。
事件から13年目、校長としての挑戦でもあった。

子どもに伝える難しさ

2017年（平成29年）6月2日の新聞記事である。

小6女児が同級生に殺害される事件が起きた大久保小で6月1日にあった集会。今回、小林庸輔校長は事件にふれなかった。教訓を伝えるために事件にふれる必要はないのか。改めて子どもに「いのちの重さ」を伝え続ける難しさを感じた。

集会後、小林校長は「子どもが事件について聞いてくることはない。強く言ってくださいという保護者もいない」との現状を説明し、「コミュニケーション能力の向上などに重きを置くため次の段階に移った」と語った。一方、事件後に同小関係者と話し合った広木克行神戸大名誉教授（臨床教育学）は「子どもの発達段階に応じて表現に工夫は必要だが、事件を伝えなければその教訓がなぜ生まれたのか、わからなくなる」とも指摘する。

低学年を含めて全学年そろった集会で事件を伝える難しさは理解できる。ただ、集会の由来を知らせずに、子どもは失われたいのちの重さを実感できるだろうか。大人になった時に集会の記憶は残っているだろうか。

　校長の判断を非難する気は全くない。小学校で起きた異例の事件の教訓を子どもにどう伝えるのが最良なのか。少年事件ゆえの難しさを痛感する。


私は、正直、この記事を見てカチンときた。

なぜなら、この記者との面識が１回もなかったからである。事前に学校に出向き取材をして、６月１日の「いのちを見つめる集会」に臨んだわけでなく、たった１時間の集会とその後の会見により、自分（会社）の意見として公表したからである。

私は、常々、報道の方々に、「もっと学校に来てください」とお願いしてきた。「いのちの教育」は、集会の１回だけで完結するものでなく、年間約２００日の授業日数をかけ、子どもの日常生活を見ながら、適宜指導していくものだからである。

　１時間の集会で何が言えるのか。学校に数回足を運び、子どもの様子をしっかり観察してこそ、意見というものが言えるのではないだろうか。

　教育とは、そんな単純なものではない。この集会にたどり着くまでに、学校現場は子どもにいろいろな体験をさせ、褒めたり叱ったりしながら、一歩一歩子どもを成長させてきた。そのような道のりを経て、本番を迎えているということを知ってほしい。

記事の中の大学の先生の言葉のとおり、「事件を伝えなければ、その教訓がなぜ生まれたのか、わからなくなる」との指摘は、そのとおりかもしれないが、あくまで一般的な考えであり、学校現場からすれば、それによって失うものが大きいということを認識しなければならない。全校児童の前で、事件の内容にふれないのは、それが子どもの心にどう影響するかというリスクをふまえての判断である。

佐世保市では、この「小6女児同級生殺害事件」からちょうど10年後の2014年（平成26年）7月26日に「高1女子同級生殺害事件」が起こった。事件の名称が似ているとおり、高校1年生の女子生徒が同級生から殺害されるという事件だ。加害生徒が1人暮らしをしていた佐世保市内のマンションで、被害生徒の後頭部をハンマーで殴り、首を絞めるなどして殺害した凄惨な事件だ。

2人が通った市内の高校では、毎年7月に「いのちの尊さ」を訴える全校集会が開かれている。2022年（令和4年）7月22日の集会では、校長が講話の中で「本校の生徒が不条理にもいのちを奪われ夢を絶たれた」と事件について言及した。集会後の記者会見で校長は、詳細にふれないのは、昨年の集会後に気分が悪くなった生徒がいて「生徒の動揺や心情に配慮した」と説明した。

このことについて、次の日の新聞には、生徒に伝える責任はどうかという疑問の声があがっている。「教育現場である学校の責任として、生徒らにできる限り伝えた方がよいのではないか。その方が、集会の意味や再発防止への思いなどがより伝わると思う。」という記者の考えが掲載されていた。

高校生に対しても、校長は事件の詳細にふれないことを選択した。ましてや小学生、特に小学1年生は純真な心をもち、これから人格を形成していく段階である。「同級生の友達からカッターナイフで殺された」と教えていいものか。

このことは、教えることから逃げているのではない。一人一人の子どもの顔が違うように、子どもの心の中もそれぞれ違う。保護者の考えもそれぞれだ。全体の場で一様に話すことではないということである。子どものことを第一に思う学校現場の判断を尊重してほしいと願う気持ちは、決して間違ってはいない。

だからこそ、私は記者会見において、「風化させない」と強く言ってきたし、そのために今こうやって執筆をしている。子どもたちには、いずれ自分で読むことを選択し、私の知っている限りの真実を受け取ってほしい。そして、いのちのありがたさについてしっかり解釈し、自他のいのちを大切にする大人へと成長してほしいと願う。

子どもを見てほしい

大久保小学校での4年間、校長として子どもたちを毎日見てきた中で思うこと。それは、「いのちの教育」の成果が、子どもの姿となって確実に表れてきたことである。言葉遣いがきれいになり、友達にやさしく接している、そして時と場をわきまえ行動できるようになった等々である。

6月1日の「いのちを見つめる集会」においても、全然物怖じしていない。多くの保護者や地域の方々がいて、周りを報道陣で囲まれていても堂々としている。日本全国を見渡しても、こういう経験をする小学生は滅多にないが、その分、度胸がついてきた。子どもってすごい。たくましいと感じる。

このようなことから「いのちを見つめる集会」は、大人が心配せず、子どものアピールの場として前向きにとらえてよいと思う。子どもたちが「いのち」の大切さに真剣に向き合う姿を見てほしい。

これが、私をはじめ先生方が一番大事に思っていることである。

ところが、報道陣の関心事は「集会で事件の本質にどう迫る話をするか」ということであり、それが残念でならない。子どもは二の次という感じがする。特に、東京などから来た記者は、時間の余裕がないので、ピンポイントの取材になるのかもしれない。

しかし、地元の記者の皆さんは、ともに子どもたちの成長を支えてくれる協力者である。だから、1年のうち数回来校し、事件の教訓を受けての取組や活動を、ぜひ取材していただきたい。

「子どもたちのあいさつは、とても気持ちよかった。」

「コミュニケーションの授業は、何か楽しそうだった。」

「友達同士仲がよく、表情が生き生きしていた。」

等の記事を書いたり、映像で流したりしてくれると、学校がさらに盛り上がる。

これは大久保小学校だけの話ではない。すべての学校の子どもたちの姿を大きく取り上げてほしいと願う。


これまでも、多くの学校の4月の入学式、6月の田植え学習、3月の卒業式など、お決まりの単発のニュースはよく見てきた。

これからは、特色のある取組をする学校と手を組み、特集のような形で子どもの生き生きとした姿と変容をもっと取り上げてほしい。

報道の皆さん、今後も子どもたちを見てあげてください。ペンの力、カメラの力は、明日の子どもたちを育てる有効な手段です。

私からの切なるお願いです。

第6節　机と椅子の撤去

退職時の決断

校長室にある被害女児の机と椅子をどうするか。

大久保小学校に勤めた4年間、私とともに過ごしてきた学習机と椅子であるが、いつまでもというのではなく、どこかで誰かが区切りをつける時が必要ではないかと、いつも思っていた。この4年間、子どもたちや保護者、地域の方々、記者をはじめとした外部の方々から机と椅子について尋ねられたことは一回もなかった。

そもそもこの机と椅子が校長室に置かれた経緯は、事件翌年に赴任した次の校長の発案で、6年教室の廊下から動かしたということである。それ以来、被害女児のことを思い、これまで大切に校長室に保管されてきた。


そこで、決断！

2018年（平成30年）3月28日。

私は、近くの八幡神社の神主さんに来ていただき、机と椅子のお祓いをしていただいた。

ランドセル等の遺品とは違い、学校の所有物である。お祈りをする対象物というわけでもない。お祈りは「いこいの広場」で月命日に行っている。それでも、最後には机と椅子のお祓いをしていただくことだけはしなくてはと思っていた。

「形はなくても魂は永遠に残りますから、処分して大丈夫です。」

神主さんの話に安心した。

退職まで、あと3日。次の校長にその役目を担わせるわけにはいかない。退職する身であり、事件当日から関わりのあった私の最後の仕事と思って、机と椅子の撤去に至った。

「魂は永遠に残る。」

事件及び教訓の風化を防ぐという、私自身の心構えでもあった。

〔後日談〕

被害女児の机と椅子は、産業廃棄物で処理しなければならず、そのトラックが各学校を巡回するのが、年度が変わっての7月になるということだった。

そこで、私は、大久保小学校の次の校長に引継ぎとして、その旨依頼していたが、「自分でトラックに乗せることはできなかった」ということで、現在も大久保小学校の校長室に残ったままになっている。

第4章　明日を生きる子どもたちへ（退職後だから言える）

第1節　ようやくまとめることができた

今だから言えること

「成長過程の中で、いつか読んでほしい。」

「いのちのありがたみを感じとってほしい。」

「前を向いて、堂々と生きてほしい。」

文章を書き続けながら、知らず知らずのうちに子どもたちへの思いが込み上げてきた。


私は、「小6女児同級生殺害事件」の風化をしないとずっと断言してきた。

しかし、小学生という発達段階では、事件そのものについて全校児童に話すのはまだ早いという考えも示してきた。

大久保小学校を離れ、直接的な関わりがなくなったのでおしまいでは、それこそ風化になってしまう。記者会見の時、私の目の前にいた方々に、うそをつくことになる。

佐世保市教育委員会の事件の担当として、その後の大久保小学校の校長として、そして今でも教育関係者の一人として、残せるものは残しておかないといけない。それが、身近に関わってきた者の使命と考えている。

そういう強い義務感を抱いていた。

６年生が同級生を殺害するという、悔やんでも悔やみきれない事件を二度と起こしたくない。そのためにも、ペンを取り、生々しい様子を含め、皆さんに紹介した。どこまで書けばよいか正直迷ったが、わかりやすく手順を追って事件について書こうと思った。

しかし、現実としては、その後も中学生が同級生あるいは全く無関係の人を切りつけるという事件が多数起こっており、子どもを取り巻く環境への危機感はさらに高まっている。

当時、私と一緒に過ごした大久保小学校の子どもたちよ。

集会では詳しく話さなかったが、校長先生の話として、いつかこの本を読んで、「いのち」について自らに問いかけてほしい。

すべての未来ある子どもたちよ。自他の「いのち」について真剣に向き合ってほしい。

あなたたちの過ごす未来が輝けるものであることを願っている。

「いのちの教育」をみんなで

１２９のいのち

校長先生からのメッセージ

ほら　きいてごらん
あっちから　やさしい声がする
ほら　見てごらん
そっちから　手をふる人がいる

１２９のいのち
みんなから　守られている
どれもこれも　大切ないのち

笑ったり　怒ったり
泣いたり　楽しんだり
いろいろあるけど

生きているから　できるんだ
生きているって　すばらしい

くじけたって　いいさ
それを乗り越える　たくましさをもとう
さあ、胸を張って
一歩一歩　前を向いて　進んでいこう

右の詩は、私の最後の「いのちを見つめる集会」で、１２９人の全校児童に贈ったメッセージである。

難しく考えることなく、悩むことなく、素直な気持ちで作ることができた。自分と自分を取り巻くまわりの人々という観点から、子どもたちにメッセージを贈りたかった。

何より、保護者が協力的だった。地域の方々が温かかったし、熱かった。だから、このメッセージが生まれた。

子どもも保護者も、狭い範囲で悩んだらいけない。

だからこそ、子どもに関する情報は、ある程度オープンにして、ともに悩む、ともに悲しむ、そしてともに励まし、ともに喜ぶという共通意識が必要である。

子どもは保護者だけのものでなく、地域の宝、日本の宝であることを分かち合い、みんなの「いのち」をみんなで大切に守り続けたい。

被害女児・加害女児へ

御手洗《みたらい》怜美《さとみ》さんへ（ここでは実名を使わせていただきます。）

怜美さん、天国で元気に過ごしていますか。

お母さんと楽しいお話をしていますか。

私は、事件の日の昼過ぎ、大久保小学校に駆けつけましたが、その時はもうあなたのいのちはありませんでした。あなたと最初に出会ったのは、あなたが青いビニールシートに包まれ、大久保小学校を出る時でした。12歳のいのちがこんな形で終わることに悲しみと怒りを感じたことを、今でも強く覚えています。

大久保小学校では、毎年あなたの命日の6月1日に「いのちを見つめる集会」を開き、全校児童・保護者、地域の皆様、そして先生方で黙祷を行い、あなたのご冥福をお祈りしています、そして、いのちを大切にするという決意を表明しています。

また、毎月１日の月命日には、先生方は「いこいの広場」に集まり、一人一人ご焼香をしています。新しく大久保小学校に赴任した先生方も含め、誰もがあなたのことを偲び、子どもたちに二度と悲しく苦しい思いをさせないと誓っています。

早いもので、もうすぐ20年になります。私たちは、あなたの死を絶対無駄にはしません。天国からも私たちを見守ってください。

加害女児へ

30歳を過ぎたあなたは今、何をしていますか。

会ったことは１回。事件当日の14時頃、警察の事情聴取が終わり、校長室から出てくるあなたを見かけた時だけです。あのまだ幼い表情の少女が友達を殺すなんて、私は自分の目を疑いました。そのくらい悲しくやるせない思いがしました。

時計の針が戻ることはありませんが、あの時、あなたが誰かに相談しなかったことが悔やまれます。自分の心の中に抱え込み過ぎたのではないでしょうか。計画的な犯行であることから、相談する時間はあったはずです。殺人を思い留まることはできたはずです。

事件からもうすぐ20年。この間、児童自立支援施設「国立きぬ川学院」（栃木県）において、更生に向けた教育を受け、現在は社会復帰をしていますね。まだ若いあなたです。怜美さんへの償いとともに、怜美さんの分までしっかり生きてください。ボランティア等の社会的な貢献も含め、粛々と生きていくことを望んでいます。

第2節　20年前と今

正直者が得をする社会を

「正直者は得をする」という言葉があるが、本当だろうかとつくづく思う。「正直者はバカを見る」の方が正しいのではないかと思ったりする。

東京五輪・パラリンピックが2021年（令和3年）開催され、日本選手の活躍で盛り上がったと思ったら、実はその陰ではスポンサー集めで汚職があったとか、テスト大会に関連する業務の入札をめぐり談合があったとか、スポーツの祭典が台無しだと思われた方は少なからずいると思う。私たちの知らないところ、見えないところでこそこそと汚職や談合を行い、私腹を肥やすなどもってのほか。子どもに説明ができない。

国会中継を見ても、のらりくらりの答弁があり、明らかにうそをついていると思われる答弁もある。汚い野次も飛ぶ。

これを子どもに見せていいんですか。学級会や児童会・生徒会など子どもたちも会議を開いているんですよ。テレビ中継されたり、トップニュースとして扱われたりするのに、これでは子どもたちのお手本にならない。そう、教育者として強く感じている。

このような話になると、こういう世界には昔から付き物としてあるんだ、当たり前のことなんだという方がいるかもしれない。

しかし、この旧態依然の仕組みを変えなければ、本当の意味で日本はよくならない。これでは、何を子どもに見せ、こういう大人になるんだよというお手本にならない。

大久保小学校の事件に携わってきて、私は正直に丁寧に話したり答弁したりすることに努めてきた。

それは、保護者・地域の方々の理解と協力を得たいから、そして記者に大久保小学校の取組や子どもたちの様子を正確に報道してほしいから。すべては子どもたちのこれからの未来のためにという思いで、正直に話してきた。

記者との問答が白熱することはあったが、決してごまかそうとか、隠そうとかした覚えはない。正直に話すことが、絶対子どものためになると信じてきた。

事件が起きた20年前も今も、正直者が得をする社会になったとは決して言えない。子どもは親だけでなく、大人の背中を見て育つということを、私たちは肝に銘じなければならない。

希薄な人権意識

最近、人権意識が求められるとか、人権を無視しているとか、人権蹂躙《じゅうりん》の事案であるとか、やたらと「人権」の言葉にあふれたニュースが出るようになった。

「人権」の意味を広辞苑で調べてみると、「人間が人間として生まれながらにもっている権利。実定法上の権利のように恣意的に剥奪または制限されない。基本的人権。」とある。

私は、「人権」について語る時、童謡詩人金子みすゞの詩を用いることがよくある。「わたしと小鳥と鈴と」「積もった雪」「土」「大漁」など、金子みすゞの詩には「人権」に関するような詩がたくさんあるが、ここでは「夢売り」という詩を紹介する。

夢売り

金子みすゞ

年のはじめに　夢売りは
よい初夢を　売りにくる

宝の船に　山のよう
よい初夢を　積んでくる

そしてやさしい　夢売りは
夢の買えない　うら町の
さびしい子らの　ところへも
だまって夢を　おいてゆく

何か「じーん」と切なくなる。金子みすゞの詩の特長である「差別のない世界」「思いやりの大切さ」がひしひしと感じられる。「誰でも、よい初夢を見ることができる！」

すべての者の幸せを願う心情が、この詩から伝わってくる。
今から100年程前、大正末期の詩人が、すでに多くの詩の中に、「人権」の大切さを表現しているではないか。

果たして、現在はどのくらい「人権意識」が高まっているのだろうか。そして、世の中にはどのような「人権問題」が存在するのだろうか。

やはり人類で最も残虐な「人権問題」は、何といっても「戦争」であり、現在でもロシアのウクライナ侵攻による戦争が2年を過ぎ、多くの死者を出しながら今なお続いている。

その他、現在の「人権問題」には、セクハラ・パワハラの問題や子どもへの虐待やネグレクトの問題、特殊詐欺等の高齢者に対する問題、LGBTQの性的少数者に対する問題、障害者に対する問題、ネットによる人権侵害、人種・外国人に対する問題、拉致問題など、多種多様である。以前と比べて、「人権問題」の幅が、確実に大きく広がっている。

結果として、しつけと称して我が子を虐待死させたり、パワハラにより被害者が自殺をしてしまったりと、死につながることも多く、残酷な結末を迎えるケースも多い。

このように、「人権」に関する記事を見ない日はないくらい、「人権」への侵害はどこかで今でも起こっているという感じがする。

陸上自衛隊で性被害を実名で訴えた元自衛官五ノ井里奈さんは、記者会見の中で、「部隊ではセクハラがコミュニケーションの一部のように感覚がまひしていた。」とか「私が顔を出して告発し世間が注目しなければ、事実が隠蔽されたまま、同じ行為が繰り返されただろう。」と話している。

自分の職を辞して告発し、国に対して訴訟を起こすまでのことをしないと、組織内のセクハラがなくならなかったかと思うと、本当に空しくなる。五ノ井さんが、逆に関係のない者からネット等で中傷されず、「人権」が守られることを祈るばかりだ。

また、２０２３年６月に世界経済フォーラムで発表された、「男女格差（ジェンダーギャップ）報告」において、日本は１４６か国のうち１２５位と、政治、経済面での女性の進出が依然として低調なことが浮き彫りとなった。前年から９ランクダウンとなり、先進７か国（G7）、東アジア太平洋地域諸国のいずれでも最下位となっており、先進国とは言えない恥ずかしい現状がある。

昔に比べりゃよくなったという考えもあろう。確かに「人権」に対して全く無頓着な頃があり、被害者が悪者になったり、されて当たり前と言われたりする時代があった。

そんなひど過ぎた時代と比べると、少しずつ良くなっていると思えるが、「人権」に対する抵抗感がまだ根強く残っているのも事実である。金子みすゞの詩は、これらの「人権問題」を正しい「人権意識」をもって解決していかねばならないと、警鐘を鳴らしているかのように思える。

このように、「いのちの教育」は「人権教育」と切り離せない関係にあり、「人権」(=人が人として生きる権利)の啓発は、「いのちの教育」そのものと言えるのではないだろうか。

SNSとどううまく付き合うか

ラインを使って、ようやく知人と交流ができるようになった私にとって、X(旧ツイッター)やインスタグラム、フェイスブック、ティックトック、ユーチューブなど、SNS(会員制交流サイト)は種類が多すぎて、もう頭が付いていかないという状況だ。自分の情報を投稿し、明るく話す人々の話を聞くと、つい羨ましくもなる。

このように非常に便利なSNSなのだが、逆に犯罪に使われたり誹謗中傷を受け自殺に追い込まれたりと、影の部分が大きく報道で取り上げられる現実がある。

顔見知りではないのに、指示役・実行役・受け子・出し子など特殊詐欺の犯罪グループがSNSを使って組織化され、金をだまし取ったり強盗に入ったりという事件も実際起きている。

指示役は日本でなくフィリピンからSNSで指示を送っていたというから驚きだ。

　家出希望の少女とSNSでつながり、自分の家に招き、監禁するという事件もあった。

　また、SNSで激しい誹謗中傷を浴びた女子プロレスラーが22歳の若さで亡くなった。自殺と見られているが、正義を気取って嫌がらせに走る者がいて、拡散のスピードが速すぎて個人で止めるのは難しい。SNSは、身近で便利なコミュニケーションの手段であるが、相手が見えないことを考えると、悪口・中傷・犯罪などのリスクも生じやすい。

　閉ざされたネット空間でのトラブルをどうやって未然に防ぐのか、第２・第３の大久保小学校事件がいつ起きても不思議ではない状況が、今ここにある。

　これからは、さらに若者を中心として、SNSに気を取られ、日常生活がうまく回らない人が出てくるのではないか。SNSを見る時間や回数を決め、SNSに依存しすぎない自分や家族のルールを作ることが必要だ。マイナスの感情が生まれた時には、SNSで感情を吐き出すのではなく、自分だけのノートに書き出すなどのストレス解消も有効だ。


　まわりから見えない世界の怖さ。

　それを救うのは、自分のまわりの身近な人間となる。面と向かって話を聴いてくれる相手になる。

　誰でもよい。相談しやすい人に聞いてもらうと、心が落ち着く。誰もいない時には、関係機関の相談窓口の利用という方法もある。

一人で悩まないで、深みにはまらないで。

明るく楽しい手段として、SNSとうまく付き合ってほしい。

再び起こった同級生殺害事件

朝早くからのテレビの映像に違和感があった。

2014年（平成26年）7月27日（日）の朝。

テレビから聞こえてくるのは、「佐世保市」「同級生」「殺害」の言葉だった。私は、大久保小学校の事件を思い浮かべながら、またあの時の映像を流しているのかと、寝ぼけ眼で画像を見ていた。

ただ、何か違う。「高校1年生」という言葉が出てきた。

「えっ、また、佐世保で！」と驚きを隠せなかった。大久保小学校の事件から10年経ち、「いのちの教育」が浸透してきたと手ごたえを感じていたので、落胆は大きかった。

すると、しばらくして電話がかかってきた。顔見知りの長崎新聞の記者の声だ。

「先生、もう高校の事件のことはご存じですよね。あの犯人は○○さんの娘さんですよ。」と教えてもらった。

お世話になった方の娘だったので、またさらに大きく落胆した。

「なぜなぜ、また佐世保で。」と頭が混乱した。

この高校1年生の事件は、「佐世保高1女子同級生殺害事件」と名称がついており、今から10年前の出来事になる。加害者の元少女は、医療（第3種）少年院に2024年まで収容継続が確定している。

当時の新聞記事によると、元少女は小学6年生の時、同級生の給食に5回、自宅から持ち込んだ漂白剤や洗剤をスポイトで混入させる問題行動を起こしている。腹痛を訴え通院した女の子もいる。中学生になりネコを自宅で解剖したり、中学3年生の時には金属棒で父親の頭などを殴打し大けがを負わせたりしている。

このように予兆はすでに見えており、事件は防げたのではないかという精神医療の専門家の意見もある。

私たちは、この佐世保市で子どもたちを二度と被害者にも加害者にもしないための努力を続けてきたはずだった。ところが事件は、再び同じようなことを10年経って繰り返した。

また、高1女子同級生殺害事件から7年後、2021年(令和3年)11月には、愛知県弥富市で中学3年生の男子生徒が校内の廊下で同級生の腹を柳刃包丁で刺し、殺害するという事件が起きた。会話の割り込みが嫌だったという理由だという。逮捕された男子生徒は、名古屋家庭裁判所に送られ、精神状態を詳しく調べられた。

そこで開かれた審判で、男子生徒は少年院に送られる決定を受けたが、その決定の理由について裁判長は「成績や進路選択に不安などを募らせ、家庭内でも家族に不快感を抱いてうっぷんを募らせていた。嫌がらせをしてくると感じ、嫌っていた被害者が、楽しそうな様子でいるのを見て怒りが湧き、被害者を殺せば警察に捕まり、つらい現状から切り離されると考えて殺害を決意した。理不尽かつ身勝手な動機で強い非難を免れない」と指摘した。

そのうえで、「動機の形成過程には『自閉スペクトラム症』による障害が影響していると考えられるが、それに対して適切な養育を受けてきていないことが認められ、必ずしも深い非行性に基づくものとはいえない」として、5年程度の長期の収容期間を要すると結論づけた。

なぜこうも続くのか。

刃物を持って、人を刺すことは当然許されないが、結果として死ぬということだけでなく、殺害を目的として達成していることに深い闇を感じる。自分勝手な動機で、人のいのちをあまりにも軽んじている。「自閉スペクトラム症」に対する適切な養育という問題も残っている。

「小6女児同級生殺害事件」から、20年。

この20年は、一体何だったのかと問わざるを得ない。

佐世保市を含め、全国の学校や家庭では、一つしかないいのちの重さを真剣に伝えてきたはずだ。子どもたちの心の中を見つめようと努力してきたはずだった。

子どもを取り巻く大人の大きな反省がそこにある。

ここ数年でも、中学生による殺害・殺傷事件がいくつも起きている。次に示す4つはその事案である。被害者は全く関係のない人も含まれ、立て続けに起きている。一人一人の子どもに届く「いのちの教育」が、さらに喫緊の課題であることは言うまでもない。

・2020年8月　福岡市の商業施設で当時15歳の少年が女性客の首などを何度も包丁で突き刺し死亡させた。

・2022年2月　三重県名張市の学校内で、中学2年生男子生徒が、同じ学年で別のクラスの男子生徒の首を包丁で切り付け軽傷を負わせた。

・2022年8月　埼玉県戸田市の中学3年生の女子生徒が、東京渋谷区の路上で親子2人の女性をナイフで刺し、大けがを負わせた。

・2023年1月　静岡県牧之原市の住宅で、中学1年生の娘がスマホの使い方を巡って母親と口論になり、母親の首などを自宅の包丁で複数回刺して死亡させた。

第3節　明日を生きる子どもたちへ

（自他のいのちを大切にする大人になるために）

明日は、今日よりいい日にしよう。

この本は、明日を生きる子どもたちへ、またはその後大人になった若い人たちを応援するために書いたものです。読んでいくと「いのち」を落とした尋常でない場面が出てきます。「いのち」の大切さを痛感する場面もあります。

厳しく悲しい現実を読みとりながら、自分は強く生きていこうと思っていただけたらありがたいと思います。

また、家族や友達をはじめ、まわりの人たちに対しては、「思いやり」の心で接するよう努力してみてください。

そうすると、自他の「いのち」の重みを知り、一つだけの「いのち」を守り続けようとする態度が身に付くと感じます。

これから述べる5つの項目は、明日を生きる子どもたち、またはその後大人になった若い人たちへ送る、私の経験を踏まえてのメッセージです。

「小６女児同級生殺害事件」の担当として、その後の校長として子どもたちを身近に見てきた者の心からのメッセージと思い、読んでみてください。

なお、これまでの文章は、常体で書いてきましたが、子どもたちへ語るという意味合いから、敬体で表すことをご了承ください。

地味なプロフェッショナルになれ

第一生命保険の毎年のアンケートに、「大人になったらなりたいもの」という調査があります。小学生・中学生・高校生のそれぞれの男女に、将来なりたい職業について尋ねたアンケートです。

最近のデータとして、小学生女子を除いたそれぞれの部門で「会社員」がトップであると知り、以前はトップの常連だったスポーツ選手（男子）、食べ物屋さん（女子）との変化に驚いています。

会社員という職業は、一定の給料をもらうことができ、コロナ禍においても強く堅実な仕事のように感じたことから、小・中・高校生に人気が出たのだろうと思います。

ただ、会社にも様々な業種があり、「科学技術・物づくり」や「ソフトウエア・ＩＴ」など、これらも結構難しそうだなと思います。そう考えると、会社員を選んだ子にとっても、夢のある選択をしたといえるのではないでしょうか。

小学生女子でトップだった「パティシエ」にしても、海外留学して修行を積むとか、客のニーズに合わせた新しいケーキ作りに励むとか、私たちの目の届かないところで、相当の時間と労力を費やしています。人にケーキを買ってもらうという商売なので、勝ち残るための努力を陰で行わなければなりません。

このように、自分の将来を夢見ることはすばらしいことです。ただ、その道が困難な場合は軌道修正を行い、新たな道を歩むことも選択肢として残しておいていいと思っています。

現在、それぞれのジャンルで派手な活躍をしている人も、最初は失敗を何回も繰り返し、悩んだ時期を経て、ようやく芽が出たという方が多いと思います。元々の素質もあったのでしょうが、地味な努力の積み重ねで、やっと実を結んだものと感じます。

NHKのテレビ放送に「プロフェッショナル　仕事の流儀」という番組があります。これまで多くのその道の一流の方々の考え方や技術・作品などを紹介してきた番組です。

その中で異色だったのが、箱根を走る路線バスの運転手で40年のキャリアを誇る大森さんに焦点を当てたものでした。急カーブや急坂の連続する山道を走る高い運転技術。そして乗客のニーズを考え尽くした心遣いで、長年にわたって地域を支えてきた方です。

「プロフェッショナルとは」と聞かれた大森さんは、「決して目立つような仕事ではないけれども、そこにプライドをもって一つ一つ手を抜かずに仕事をしていくことです。」と答えました。

社会を縁の下で支える仕事に生きがいを感じ、人々のかけがえのない日常を陰で支える大森さんの信念といえるのではないでしょうか。地味なプロフェッショナルが、長年の努力と経験の積み重ねで脚光を浴びた瞬間でした。誰だって、最初から脚光を浴びることはまずありません。誰だって、プロフェッショナルと言われるまで、たいへんな努力を積み重ねてきたのです。

「千里の道も一歩から」

まずは、自分の好きなこと、得意なことを究め、地味だけど確かな一歩を進めてみてください。

プロ野球選手を目指した少年が、夢は破れたものの、野球の知識を生かしスポーツ担当の記者になったり、厳しかった日々のトレーニングを生かしトレーナーになったりと、これまでの努力で得た経験で、道は多方面に広がるはずです。

バス運転手の大森さんのように、地味なプロフェッショナルがひいては一流と呼ばれるのです。自分を信じ、将来を夢見て、地味な努力を続けてみてください。きっとよい道が開けてくるはずです。

自ら学ぶ姿勢を

今の子どもたちを見て、羨ましいなあと思うことがあります。

それは、学ぶ環境が整っているということです。学ぼうとする意欲があれば、自力でとことん学ぶことができるということです。


この学ぶ環境の変化には、２つの優れた点があると思います。

一つ目は、図書室・図書館の充実のすごさという点です。本の貸し出しは機械で読み取り、スムーズです。蔵書数も多く、検索も簡単にできるようになっていますし、何より静かで美しい環境が整えられています。学校には、学校司書が配置され、ボランティアの方もおられ、人的環境も確保されています。

二つ目は、ネット環境の変化という点です。ネットを使った検索で、調べ物が簡単にでき、自分の探している資料をすぐに見つけ出し、リアルタイムで学ぶことができます。

このように、学べる環境は著しく進歩したと言えます。


さて、何を学ぶか。

ここが一番大事な点です。自分の将来に向け、自分なりの学ぶ目的や目標を見定めることが重要です。

最近ちょっと気になるのが、高学歴な方を集めてのクイズ番組が多く見られることです。頭の回転の速さと知識量に驚かされることは多いのですが、一流大学に入学するとこうなるんですよと、誇張した番組構成になっていないかと危惧しています。

もちろん、幼少の頃から塾に通ったり、人並みならぬ努力をしたりしたからこその結果であることは十分認めますが、学ぶ目的は一流大学に入り、一流企業に入ることや官僚や医者などになることだけではないということです。

学力があるに越したことはありませんが、自分の趣味や特技を生かす学びにもっと重きをおいていいと思います。それが、将来の職業やライフワークにつながればそんないいことはありませんん。目標があれば集中力は出ますし、途中で目標を軌道修正することも必然と考えていいでしょう。

ただ、途中で学ぶことをやめてしまうと、知識だけでなく、自分自身が衰えたり、傲慢になったりする恐れがあります。知識と生きる術を学び、社会の動きに遅れないようにしたいものです。

「自ら学ぶ姿勢」は一生の宝物。「生きる目的」とも言えます。

自分の選んだ道を一歩一歩進んでいけるよう、貪欲に学びながら自分の人生を豊かにしてほしいと願っています。

感謝の心と謙虚さを

人間がよりよく生きていくために必要なこと。それは、「感謝の心」と「謙虚さ」であると私は思っています。

日本を代表する実業家で、「経営の神様」の異名がある松下幸之助は、著作「指導者の条件」の中で、こう述べています。

「感謝の心は、ものの価値を高めることになる。一つのものをもらっても、何だかつまらないと思えば、その価値は極めて低いことになってしまうが、ありがたいという気持ちでいれば、それだけ高い価値が見出せ、よりよく活用できることになろう。感謝の心が薄ければ、何事によらず不平不満が起こり、自らの心も暗くし、他をも傷つけることになる。それに対して、感謝報恩の念の強い人には、すべてが喜びとなり、心も明るく、また他とも調和し、共存共栄といった姿を生み出しやすい。」

「感謝の心」を持つか持たないか、その心構え次第で、大きく自分の人生が違ってくるという教え。身に染みてよくわかる名言です。

また、「実るほど頭《こうべ》を垂れる稲穂かな」ということわざがあります。

この意味は、「中身の詰まっていない稲はピンと立ち、中身が熟した稲ほど実の重みで頭が下がる様子から、知識や徳を積んだ人ほど謙虚な人間になること」を示すと言われていることわざです。

「謙虚さ」は、なかなか身に付くものではありません。私自身でも謙虚さを出せた時と、少し強引だったとか、相手に失礼だったとか反省することがよくあります。わかっていながらできないもの、これが「謙虚さ」だと思います。

このように例示した「感謝の心」と「謙虚さ」は、二つとも指導者に対する心構えや戒めであるのですが、これからの成長が期待できる子どもたちや若者への教訓でもあるかのように感じます。

しかしながら、近くに自己アピールをする同世代のライバルがいたとしたら、感謝とか謙虚とか悠長なことを言っておられないという考えもあります。我慢できない難しい局面も出てくるでしょう。

ここで大事なのは、「感謝の心」と「謙虚さ」を糧にしながら、「実力をつける」ということです。忍んで耐えてという長い期間をきつくてつらいと思えば、簡単な方法に走るでしょうし、上司の腰巾着をして認められることもあるでしょうが、それでは伸びようとする心を失ってしまうことになります。

人間としての豊かな心を持つには、「感謝の心」と「謙虚さ」は必然であり、「生きる喜び」を分かち合えるものと思います。

堂々と生きる

佐世保市には、不登校児童生徒のために、学習支援や体験学習等の支援を通して小・中学生の学校復帰や社会的自立を目指す「あすなろ教室（学校適応指導教室）」という施設があります。左の文は、私が今から約10年前、行事の一つである「学芸会」を見学し、子どもたちの姿を見て書いた感想です。


十一月末、佐世保市青少年教育センターの適応指導教室「学芸会」に参加した。生き生きとしたダンスやバンド演奏の姿に衝撃を感じ、感動した。

また、今の自分、将来の自分を素直に表現した一人一人の「手紙」の朗読に自然と涙も流れた。

「おっ」と思った。

これらの子どもたちのエネルギーは何なのだろう。不登校で悩み、苦しんだ表情なんて、ほとんど感じない。たくましさがそこにあり、驚いた。

遡って、三月十一日。未曽有の震災。

家を無くし、家族を亡くし、くじけても、前を向き、復興に向けて努力を続けている方々の姿を映像で見ることがある。どん底の世界を味わい、生きる術をなくした人々が、明日を夢見て生きている姿が映るたび、人間の底力を感じる。くよくよしたって始まらない。人間の強さがそこにある。

人間、よいことも、悪いこともある。誰だって、どこかでくじけることがある。どこかで挫折を味わうことがある。それを乗り越えた強さは、一層の自信とたくましさになって、返ってくるものだと私は思う。

子育て論も然りで、親や教師の気持ちとして、人に迷惑をかけない、通常よい子と呼ばれる子を育てたいと思う。それが、親や教師にとって、安心であり、楽でもある。

しかし、人間の将来ってどこでどう変わるかわからない。よい子と言われてきた子が、大人になって大きな挫折を味わい、立ち直ることができない場合もあろう。悪い子と言われ続けてきた子が、挫折を早めに経験し、跳ね返って大きく伸びる可能性もあるだろう。

私たちは、今の子どもたちが、将来において社会の役に立つ大人になることを見据えて、大きな視野で、かつ長いスパンで、個々の子どもに応じた人間教育を行う必要がある。

今、ニートやフリーター等の若者が増え、雇用の問題が深刻化している。働きたくても働けない、努力しても正式採用になれない若者が多い現状の中、くじけても明るく生きるたくましさを、これからの子どもたちに持っていてほしいと願う。

適応指導教室の「学芸会」は、子どもたちからエネルギーを与えてもらったと同時に、関係学校及び青少年教育センターの先生方の温かい支えを強く感じた時間でもあった。人間は、どこかでよい出会いがあり、よい指導者がいて伸びるということがよく伝わってきた。明日を生きる子どもたちに、心からエールを送りたい。
「くじけていいさ」
充電期間は誰にだって必要かもしれない。何も動かない「さなぎ」の時を過ごし、乗り越え、やがて美しい蝶になればよいと私は思う。

あの時の彼ら・彼女らは、堂々としていました。生き生きしていました。不登校なんて、恥じることではありません。学校に行かない、行けないことを苦しく悩んだ時期を、後で懐かしいと思えるくらい跳ね返してほしいと願っています。

この時の私の感想は、不登校の児童生徒にあてた部分もありますが、子どもたち全体のこれからの人生にエールを送るために書いたものでもあります。

しかし、世の中には今の自分にコンプレックスを感じ生きている人も存在していることでしょう。何をやってもうまくいかず、将来に不安を抱えている子どもたちや若い人たちもいるかと思います。自信がなく意欲が湧かない自分に嫌気を差す人もいるでしょう。

そんな時、私は、誰かの役に立っているという自覚をもつために、自分からよいことを仕掛けることをお勧めします。

自分から仕掛けるとは、自分から進んで行うという意味です。

誰でもいつだってできることで、例えば近所の人たちへの明るいあいさつでいいのです。あるいは、お年寄りに親切にしてあげるということでいいのです。そうすると、明るいあいさつが返ってきたり、「ありがとう」の言葉が戻ってきたりすることが多くなってきます。自分が人の役に立っている喜びが生じてきます。そんな気持ちの持ち方が、他のことにおいても前向きな姿勢となり、少しずつよい方向に導いてくれます。

このように、普通のちょっとしたことでいいですから、人から認められる嬉しさを持つと、「自己肯定感」が生まれてきます。「自己肯定感」を持てるようになると、自分の価値観で物事を見たり考えたりすることができ、他人に対しても寛容になれます。

ありのままの自分を認め、自分のよさに気づき、胸を張って堂々と生きてください。心から応援します。

いのちは一つしかない

大久保小学校の「いのちを見つめる集会」の打合せを、ＰＴＡの会合でしていた時のことです。

集会の始まりは、黙祷からと決まっていますが、黙祷の対象は被害女児のみと思っていました。事件の翌年から集会が開催された経緯を考えると、当然と言えば当然です。

ところが、一人の保護者が次の発言をしました。

「小学生で『いのち』を落としたということからすれば、他の子もいますよ。この子も同じように黙祷してお祈りしていいのではないでしょうか。」という内容です。

保護者が言うこの子とは、小学２年生の時に亡くなった少女のことでした。心臓病の持病があり、入院・退院の繰り返しをしていた少女。折り紙や読書が好きで、学校に来るのを楽しみにしていた少女。２年生終わりの入院で亡くなったということでした。

確かにそうです。いのちの平等という観点から考えると、当然同じ扱いをしなくてはいけません。その後、私は少女の家に行き、母親から集会での黙祷の了解を得ました。

幼くして亡くしたいのち。事件で失ういのちもあれば、病気で失ういのちもある。当時のことをしみじみ話すお母さんの表情から、いのちの価値の大きさを、改めて知ることができました。

たった一つのいのち。

ゲームでは生き返ることができても、一度失くしたいのちが復活することはありません。最近のニュースを見ても、事故や事件で急にいのちを落とすことの多さが目立ちます。

交通事故においても、自分がいつ被害者になるかわかりません。相手のいのちを奪う事故を起こすことだってあり得ます。

また、どんな理由があろうとも、相手を傷つけ、死に至らしめるような事件だけは起こさないようにしてください。それだけは肝に銘じてほしいと思います。自分にも相手にも親や友達がいて愛する人がいて悲しむ人がいることを考え、どんな場合にも犯罪に手を染めることがないようにしてほしいと思います。頼りになる人へ相談するなどして、踏みとどまる勇気を持つよう強くお願いします。


いのちは一つしかないのです。自分のいのちも、相手のいのちも、みんな生きている証です。何気ない出来事が、お互いの「思いやり」の心と態度で、大きな幸せに変わります。

明日を生きる子どもたちへ。

一人一人の幸せを心から祈っています。

おわりに

「事件の風化を防ぎたい。」

「事件から得た教訓をもとに、子どもたちに『いのちの大切さ』を伝えたい。」

　この目的を達成するために、本文を書いてきました。

　書きながら痛感したことは、ともに子どもたちを育ててきた方々への感謝の気持ちです。

　第一に、佐世保市立大久保小学校の保護者・地域の皆様への感謝です。事件後は、それぞれ苦しい思いをされたことと思いますが、皆様のご支援・ご協力のおかげで、子どもたちを大きく成長させることができました。文中に、「大久保小学校」という校名がたくさん出てきますので、気になる方もいらっしゃるかと思いますが、子どもたちのがんばりをアピールしたいという思いで、隠すことなく実名を使っています。プラスイメージとしてとらえていただきたいと思います。今後も、子どもたちへの力強い応援をよろしくお願いします。

　第二に、校長の私を助けてくれた先生方への感謝です。熱心な先生方がいたからこそ、「いのちの教育」が充実し、子どもたちを伸ばすことができました。私一人はちっぽけな存在ですが、まわりにこれだけ強力なスタッフがいれば、子どもたちは変わるということを実証できたのではないかと思います。

最後になりましたが、御手洗恭二様に対し、お詫びとお願いを述べさせていただきます。愛娘の怜美さんを学校で死なせてしまい、誠に申し訳ありません。怜美さんのご冥福を心からお祈りしますとともに、深くお詫び申し上げます。

また、今回、事件及びその後のことについて文章にまとめさせていただきました。これは、怜美さんの死を無駄にしたくない、同じような事件を起こしたくない、「いのち」を大切にする子どもたちを今後も育てていきたいという思いで、文章に表しました。ご理解くださいますようお願いします。

最近は、お父さんだけでなく、お兄さんも講演をされていらっしゃると新聞等でお見受けします。お二人の苦しい胸の内が伝わり、そのたび私も心が痛みます。いつかお会いできる機会を設け、直接お話させていただければと思っています。

お二人の今後のご健勝・ご多幸を心からお祈りいたします。

令和六年五月

小林庸輔

【著者略歴】

小林庸輔（こばやし　ようすけ）

1958年	長崎市生まれ
1976年	長崎県立長崎東高等学校 卒業
1980年	長崎大学教育学部 卒業 大学卒業後、佐世保市の小学校３校で教諭として 対馬峰町の小学校で教頭として勤務
2000年	長崎県教育庁 教職員課
2002年	佐世保市教育委員会 学校教育課
2004年	（「小６女児同級生殺害事件」担当）
2005年	佐世保市立柚木小学校 校長 （事件から１年後）
2008年	長崎県教育庁 義務教育課
2011年	佐世保市教育委員会 学校教育課
2014年	佐世保市立大久保小学校 校長 （事件から10年後）
2018年	定年退職
2024年	（事件から20年後）

校長授業風景

明日を生きる子どもたちへ

～「小6女児同級生殺害事件」の
教訓を生かした「いのちの教育」とは～

令和六年六月二日　第一版　発行

著者
発行者　小林庸輔
〒八五七-〇一四二
佐世保市野中町一二一-一四

発行所　芸文堂
〒八五七-〇八二二
佐世保市山祇町十九-十三
電話（〇九五六）三一-五六五六

印刷
製本　㈲エスケイ・アイ・コーポレーション

ISBN978-4-902863-80-2 C1037